Berichte zur beruflichen Bildung, Heft 247

DOROTHEA SCHEMME (HRSG.)

Qualifizierung, Personal- und Organisationsentwicklung mit älteren Mitarbeiterinnen und Mitarbeitern

Probleme und Lösungsansätze

Schriftenreihe des Bundesinstituts für Berufsbildung • Der Generalsekretär • Bonn

Die Deutsche Bibliothek – CIP-Einheitsaufnahme

Qualifizierung, Personal- und Organisationsentwicklung mit älteren Mitarbeiterinnen und Mitarbeitern:
Probleme und Lösungsansätze /
Hrsg.: Bundesinstitut für Berufsbildung, Der Generalsekretär, Bonn.
Dorothea Schemme (Hrsg.). - Bielefeld: Bertelsmann, 2001
(Berichte zur beruflichen Bildung; H. 247)
ISBN 3-7639-0936-2

Vertriebsadresse:
W. Bertelsmann Verlag GmbH & Co. KG
Postfach 10 06 33, 33506 Bielefeld
Telefon: (05 21) 9 11 01 11
Telefax: (05 21) 9 11 01 19
Bestell-Nr.: 102.247

Herausgeber: Bundesinstitut für Berufsbildung,
Der Generalsekretär, Bonn
Internet: www.bibb.de
E-Mail: zentrale@bibb.de

Gestaltung: Hoch Drei, Berlin
Druck: Druckpartner Moser, Rheinbach
Verlag: W. Bertelsmann Verlag, Bielefeld

ISBN 3-7639-0936-2

Gedruckt auf Recyclingpapier, hergestellt aus 100 % Altpapier

Inhalt

DOROTHEA SCHEMME

Qualifizierung, Personal- und Organisationsentwicklung mit älteren Mitarbeiterinnen und Mitarbeitern

Demographische, aber auch rentenrechtliche Veränderungen in Verbindung mit einer Reduzierung der Zahl der Erwerbsarbeitsplätze bewirken eine Zunahme älterer Erwerbspersonen auf den internen und externen Arbeitsmärkten. Auch wenn das Thema „Demographischer Wandel" in der Berufsbildungspraxis häufig von anderen Themen überlagert wird, die unmittelbar aktuell erscheinen, stehen Betriebe und Institutionen zunehmend vor der Notwendigkeit, Strukturwandel und Innovationen mit alternden Belegschaften zu bewältigen. Dies ist von besonderer Brisanz in Umbruchzeiten wie gegenwärtig beim Übergang zur so genannten „Informations- und Dienstleistungsgesellschaft".

Vor diesem Hintergrund hat das Bundesinstitut für Berufsbildung (BIBB) seit Beginn der 90er Jahre kontinuierlich eine Reihe von Modellvorhaben zum Schwerpunkt „Qualifizierung, Personal- und Organisationsentwicklung mit älteren Arbeitnehmern" gefördert und betreut.[1] Zusätzlich werden Forschungsprojekte zum Thema „Ältere Arbeitnehmer" durchgeführt, wovon eines in diesem Band repräsentiert ist.[2] In den einzelnen Modellvorhaben wird zum einen auf betrieblicher Ebene der Umgang mit älteren Beschäftigten und Arbeitslosen beleuchtet und daraus ableitbarer Handlungsbedarf formuliert. Dabei zeigen sich einer differenzierten Sicht große Unterschiede innerhalb der Gruppe der kalendarisch älteren Beschäftigten je nach Position, Vorbildung, Lernstrategien, Lebenskonzept, Geschlecht u. a. Faktoren. Zum anderen werden integrierte Lösungsansätze und Handlungsstrategien für den demographischen Wandel in den Unternehmen aufgezeigt und erprobt, die auf normativ-strategischer Ebene ebenso ansetzen wie auf der individuellen, sozialen und organisationalen Ebene.

Um den Transfer des inzwischen aus diesen Modellvorhaben vorliegenden, konzeptionellen und methodischen Wissens anzuregen, wurden Hintergrundinformationen und gesicherte Ergebnisse in konzentrierter Form aufbereitet und für möglichst viele, ähnlich bzw. gleich gelagerte Felder der Berufsbildung bereitgestellt. Der vorliegende Sammelband enthält Beiträge von Bildungsexpert(inn)en und Berufsbildungsforscher(inn)en, die – unter Forschungs- und Gestaltungsaspekten – aus eigener Erfahrung wesentliche Dimensionen generationenorientierter Konzepte reflektieren. Der Beitrag von Angelika Puhlmann bezieht neben der betrieblichen

1 Faltblatt zur Modellversuchsreihe – BIBB 2000.

2 Siehe BIBB-Forschungsprojekt 1.1005 „Berufliche Entwicklung, Qualifizierung und Perspektiven in der zweiten Hälfte des Berufslebens – betriebliche und berufsbiographische Sichtweisen Älterer".

Situation älterer Beschäftigter auch gesellschaftliche und arbeitsmarktpolitische Aspekte der Thematik in die Betrachtung mit ein. Die modellversuchsbeteiligten Autor(inn)en stellen Ziele, tragfähige Strategien, Gestaltungsprinzipien, notwendige Bedingungen und praxisnahe Umsetzungen dar, um Impulse weiterzugeben und flexible Anwendungen erprobter Handlungskonzepte zu ermöglichen. Anstatt – einer weit verbreiteten Sozialplansicht und Defizitanalyse zufolge – die Älteren freizusetzen und vom Arbeitsmarkt auszuschließen, zielen die Vorhaben darauf ab, in Unternehmen durch generationenverbindende Modelle des „Miteinander-Arbeitens und Voneinander-Lernens“ bisher verborgene Potenziale an Erfahrung und Wissen von Alt und Jung zu erschließen und den Kompetenztransfer zwischen den Generationen zu sichern. In den Einzelbeiträgen aus Modellvorhaben wird das Verhältnis von Unternehmen zur altersorientierten Personalpolitik ebenso beleuchtet wie Fragen der Motivierung und Perspektiven Älterer im Betrieb wie auch die Prinzipien einer altersgerechten Didaktik.

Zur Bewältigung des technischen und organisatorischen Wandels in den Unternehmen werden Lern- und Dialogfähigkeit, Wissen und Erfahrung als zukünftig entscheidende Ressource angesehen. Da Wissen und Erfahrung aber personengebunden sowie an Kommunikations- und Dokumentationsprozesse geknüpft sind, erfahren ihre Träger/-innen – und damit gerade auch ältere Beschäftigte – und deren Beteiligung an dezentralen Kooperations- und Innovationsprozessen eine Aufwertung. Wissenssynergien ergeben sich vor allem durch einen Dialog zwischen jüngeren und älteren Beschäftigten. Ältere Mitarbeiter/-innen verfügen über berufs- und betriebsspezifisches Wissen im Umgang mit komplexen Situationen, über entwickelte Sozialkompetenzen und ein ausgeprägtes Beurteilungsvermögen; sie kennen betriebliche Abläufe, Personen und Strukturen aus langjähriger Erfahrung einschließlich der informellen Wege. Betriebe, die sich als lernende Organisationen verstehen, legen zunehmend Wert auf den Erhalt und Einsatz sowie die Vernetzung dieser vielfältigen Kompetenzen und Stärken Älterer mit der Innovationsbereitschaft und dem aktuellen und neuartigen technischen Wissen jüngerer Beschäftigter. Der Wissens- und Erfahrungstransfer zwischen Jung und Alt bedarf einer systematischen Förderung, kultureller Veränderungen und vernetzter Lern- und Arbeitsstrukturen. In diesem Zusammenhang richten sich die Maßnahmen in den Modellvorhaben auf:

- die Erzeugung eines Einstellungswandels und positiven Klimas durch Aufklären, Sensibilisieren und Motivieren – eine entsprechende Ausrichtung der Unternehmensleitlinien und des Verhaltens von Führungskräften;
- ein vorausschauendes Personalmanagement, das der zunehmenden Bedeutung dieses Adressatenkreises Rechnung trägt, bspw. durch eine entsprechende Altersverteilung beim Personaleinsatz, durch langfristig orientierte und maßgeschneiderte Personalentwicklungsstrategien, um vorhandene Potenziale Älterer stärker als bis-

her zu erschließen und weiterzuentwickeln; Laufbahnkonzepte auf horizontaler Ebene;

- die Förderung von altersgemischten Teams und Lernbeziehungen, um einen offenen, generationenübergreifenden Austausch von Erfahrungen sowie eine Vernetzung von Wissenspotenzialen und damit eine gemeinsame Handlungsbasis zu ermöglichen;
- die Förderung von Lernbereitschaft und Initiative bei den älteren Beschäftigten selbst z. B. durch eine anwendungs- und adressatengerechte Didaktik und das Aufzeigen von Perspektiven für die Einzelnen.

Dies impliziert eine Kombination von qualifikations-, arbeits- und organisationsbezogenen Ansätzen der Intervention, und zwar kontinuierlich und altersübergreifend.

Zur Etablierung einer „Alterskultur" in Unternehmen kommt es auf gesellschaftlicher Ebene entscheidend auf ein Zusammenwirken von Gesundheits-, Arbeitsmarkt-, Bildungs- und Rentenpolitik an, in Verbindung mit veränderten Leitbildern, und innerbetrieblich auf die Vernetzung von Arbeits- und Gesundheitsschutz mit beruflicher Bildung und Personalentwicklung.

Konkret zielen die Modellvorhaben in kleinen und mittleren Betrieben der Industrie und des Dienstleistungswesen darauf ab:

- Qualifikationsanforderungen mit tatsächlich vorhandenen Kompetenzprofilen und Leistungsvermögen des Personals abzugleichen; individuelle und unternehmerische Perspektiven besser aufeinander abzustimmen;
- geeignete Einsatzmöglichkeiten für ältere Beschäftigte herauszufinden bis ggf. hin zur altersgruppengemäßen Arbeitsplatzgestaltung;
- die Kompetenz zum Dialog zwischen den verschiedenen Alterstufen im Betrieb zu stärken und wechselseitige Lernbeziehungen in den – intergenerativ zusammengesetzten – Teams im Sinne einer gegenseitigen Wertschätzung zu fördern u. a. im Sinne von Tandembildung oder Mentorenmodellen;
- die Stärken und Potenziale Älterer produktiv mit den Stärken und Potenzialen Jüngerer zu kombinieren und zu ergänzen;
- methodisch-didaktische Konzepte zum lebensbegleitenden arbeitsplatznahen Lernen sowie zur Aktualisierung und Erweiterung beruflicher Selbstlern- und Handlungskompetenzen zu erproben; die Möglichkeiten und Grenzen solcher Konzepte auszuloten;
- in inhaltlicher und didaktischer Hinsicht Qualifizierungsbausteine für ältere Beschäftigte und Erwerbslose vor allem auf dem Gebiet der Informations- und Kommunikationstechnologien zu entwickeln und dabei, erfahrungsgestützt, fall- und aufgabenbezogen vorzugehen;
- Betriebe und Bildungsdienstleister ggf. auch Arbeitsförderbetriebe zu vernetzen.

Die Modellvorhaben bieten betriebsspezifische, aber auch betriebsübergreifende Ansätze zur Weiterentwicklung und Erprobung von Beratungs-, Qualifizierungs- und Innovationsstrategien durch die Einführung altersdifferenzierter Bildungsarbeit und Personalförderung, den Aufbau partizipativer, lernförderlicher und altersübergreifender Strukturen sowie durch die enge Verzahnung von beruflicher Bildung, Personal- und Organisationsentwicklung.

Angelika Puhlmann

Weiterbildung Älterer – ein Faktor gesellschaftlicher und betrieblicher Entwicklung[1]

Zur Einleitung: Perspektiven auf das Alter(n)

Das Thema – „Weiterbildung Älterer“ – steht noch immer im Zusammenhang mit Defizitannahmen. Älterwerden wird als ein Prozess verstanden, in dem Fähigkeiten verloren gehen. Zu diesen gehört, folgt man diesem Verständnis, vor allem auch die Fähigkeit, sich Neues anzueignen und Anschluss an den gesellschaftlichen und den technologischen Fortschritt behalten zu können.

Solchen traditionellen Auffassungen steht ein neues Verständnis gegenüber: Altern wird hier als Lebensphase begriffen, die gerade nicht durch Stillstand und Abbau gekennzeichnet ist, sondern durch spezifische und vielfältige Entwicklungsprozesse. Die Rede ist dann von der „Produktivität des Alters“ und vom „Alter als Faktor gesellschaftlicher und betrieblicher Entwicklung“. Beide Sichtweisen bestehen nebeneinander, und sie finden ihren Niederschlag auch auf dem Gebiet der beruflichen Weiterbildung Älterer.

Der demographische Wandel, die Situation Älterer in Betrieben, auf dem Arbeitsmarkt und in der beruflichen Weiterbildung sowie Konzepte und Maßnahmen zur Qualifizierung Älterer sind Punkte, die im Folgenden angesprochen werden.

Zunächst ein literarischer Blick auf das Alter und das Altern: Ephraim Kishon setzte sich anlässlich seines 70. Geburtstags unter der Überschrift „Man kann nicht früh genug jung bleiben“ mit dem Älterwerden so auseinander[2]:

„An einem der letzten Tage – genauer gesagt: heute – überkam mich der hässliche Gedanke, dass ich vielleicht nicht mehr ganz so jung bin wie früher. Nicht etwa, dass mich mein plötzlicher Geburtstag in Panik versetzt hätte. Geburtstage sind schließlich nichts Besonderes. Ich hatte schon welche, und sie haben mich gar nicht beeindruckt. Was ich verabscheue, ist die übertriebene Anzahl dieser Geburtstage, die Zahlen, mit denen sie bezeichnet werden. Was soll denn das heißen: Heute bin ich siebzig Jahre alt? Ich war noch nie siebzig, ich war die ganze Zeit jünger. Da steckt irgendwo ein Fehler. Nach meiner eigenen Einschätzung, ich meine, nach dem Eindruck, den ich von mir selbst habe, bin ich noch nicht einmal über die fünfzig hinaus. Es könnte sogar sein, dass ich im kommenden November erst 49 werde oder etwas Ähnliches. Was will man also von mir?“

1 Vortrag am 17. 11. 1998 in Biel/Verein Jopper.

2 Die Zitate sind dem Band „Mein geliebter Lüger“ von Sara und Ephraim Kishon entnommen, München 1996, S. 25–27.

Alter ist ein relativer Begriff. Schon der Volksmund weiß: Man ist so alt, wie man sich fühlt. Doch das hängt nicht nur von einem selbst ab, vom eigenen körperlichen und mentalen Befinden, sondern entscheidend auch von altersbezogenen Zuschreibungen. Man wächst mit ihnen auf, teilt sie oder stellt sich gegen sie – in jedem Fall bleiben sie nicht ohne Wirkung auf die sozialen Beziehungen. Das Alter ist eben ein wichtiger Orientierungspunkt in der eigenen Biographie und im Verhältnis zu anderen. Altersbezogene Vorstellungen und Zuschreibungen wandeln sich schon im Verlauf des Lebens. Die Erfahrung des eigenen Älterwerdens relativiert manches. Kindern und Jugendlichen erscheinen alle Erwachsenen alt bis steinalt, während die Erwartung, sich selbst dann später auch so zu fühlen, im Erwachsenenalter meist nicht eintrifft. Von altersgruppenspezifischen Abgrenzungen – etwa der in den 70er und 80er Jahren populären: „Traue niemand über 30" – distanziert man sich rasch, wenn man selbst die magische Grenze der 30 überschreitet. Und zum alten Eisen zählen sich viele heute auch dann nicht, wenn sie schon längst im Ruhestand sind. Als „alt" bezeichnen sich in Umfragen[3] nur 6 % der 60- bis 64-Jährigen und nur 14 % der 65- bis 69-Jährigen.

Das, was einmal als Konstante wahrgenommen wurde – eine klare Altersabgrenzung – gerät nicht nur für die Einzelnen natürlicherweise von selbst in Fluss, sondern verändert das Bild ganzer Gesellschaften und der Welt: Die Älteren sind weltweit die am raschesten anwachsende Bevölkerungsgruppe. Innerhalb von nur 30 Jahren, nämlich zwischen 1965 und 1995, ist zum Beispiel in Deutschland, ähnlich wie in vielen anderen westeuropäischen Ländern, die Lebenserwartung für Frauen um sechs und für Männer um fünf Jahre angestiegen. Europa wird im Jahr 2020 mit einem Anteil Älterer von einem Viertel an der Gesamtbevölkerung der älteste Kontinent sein. Aber auch das kann sich in prognostizierbaren Zeitspannen ändern, denn in den sog. Entwicklungsländern ist das Anwachsen der älteren Bevölkerung zehnmal höher als in vielen westlichen Ländern.

Der rapide Prozess der Veränderung von Lebensalter trägt dazu bei, dass auch in der Gesellschaft die Frage, wer zu den Jungen und wer zu den Alten gehört, heute nicht mehr klar zu beantworten ist. Tradierte altersbezogene Zuschreibungen decken sich immer weniger mit der Realität und geraten zunehmend ins Wanken. Wann Jugend endet, das Erwachsenenalter beginnt und schließlich von Alter im Sinne von „alt" gesprochen werden kann, ist gleichermaßen unklar und vielfältig geworden.

Und so kann die aktuelle Alternsdiskussion auch als Suche nach neuen Kriterien zur Einschätzung und Beurteilung des Faktors Alter verstanden werden. Diese Suche nach Annäherungen an eine gewandelte Realität des Alter(n)s hat durchaus unterschiedliche Facetten – je nach dem, welche Altersgruppe in den Blick genommen wird, welches Menschenbild und welche Wertungen zugrunde gelegt werden.

3 Vgl. z. B. Gesellschaft für Konsum-, Markt- und Absatzforschung. Nürnberg 1992.

Am Beispiel der Werbung lassen sich zwei Varianten aufzeigen. In der bislang vorherrschenden Variante werden Ältere als Personen nicht wirklich ernst genommen. Ältere Männer erscheinen überwiegend in Clownsrollen, seltener als Exzentriker, Noch-Berufstätige oder Großväter. Ältere Frauen sind deutlich seltener repräsentiert, und wenn, dann überwiegend in den Rollen der Noch-Berufstätigen, als Großmütter und Hausfrauen.

In der neu aufkommenden Variante werden Ältere als Konsumentengruppen mit eigenem Profil, unterschiedlichen Lebensstilen und Interessen und nicht zuletzt mit relativem Wohlstand entdeckt. Man will sie nun für altersgerechte Produkte des täglichen Lebens, für Versicherungen, Investitionen und Vermögensanlagen gewinnen. Und dafür muss man sich anderer Bilder bedienen – Erfahrung, Wissen und Lebensfreude stehen bei solchen Werbungen hoch im Kurs.

Die Politik hingegen thematisiert Ältere bislang meist nur bei Fragen der Altersversorgung oder der Pflegeversicherung – so auch in Wahlkämpfen. Keine sehr zeitgemäße Sichtweise. Denn tatsächlich hat sich Grundlegendes verändert: Wer heute etwa mit Mitte 50 aus dem Berufsleben ausscheidet, kann noch gut 25 bis 30 Lebensjahre vor sich haben. Die gestiegene Lebenserwartung und die Verkürzung der Lebensarbeitszeit haben dazu geführt, dass aus dem früheren Lebensabend eine eigenständige Lebensphase geworden ist. Differenzierung von Lebensstilen und Lebenszielen kennzeichnen heute auch das Leben nach dem Beruf. Hieß es früher schlicht „Rentner“ bzw. „Rentnerin“, „Pensionär“ oder Pensionärin“, ist heute die Rede von Senioren und Seniorinnen, von jungen Alten, 50plus, 60plus – Begriffe, mit denen versucht wird, der veränderten Realität gerecht zu werden. Es handelt sich hier um Begriffe, in denen sich die Interessen Älterer an sozialer und politischer Partizipation, an der Zuerkennung eines adäquaten sozialen Status und das Bestreben nach Anerkennung im sozialen Ganzen spiegeln. Vielfältige Initiativen, Organisationen und Projekte stehen in diesem Zusammenhang, etwa Netzwerke von Senior-Experten und -Expertinnen, Seniorenkreisen und politischen Vereinigungen zur Vertretung der Interessen Älterer. All diese Ansätze zeigen: Ältere wollen auch nach dem Ende ihres Berufslebens dazugehören, ihre Kenntnisse, ihr Wissen und ihre Erfahrungen weitergeben und fruchtbringend einsetzen. Dafür spricht auch die Alterserwerbstätigkeit, die sicher auch, aber nicht nur aus finanzieller Notwendigkeit existiert, sondern durchaus aus dem Bedürfnis heraus, noch gebraucht zu werden, nützlich zu sein und an einem über Arbeit gestifteten sozialen Zusammenhang teilhaben zu können.[4]

Es geht also um Teilhabe Älterer an Emanzipations- und Individualisierungsmöglichkeiten *auch durch Berufsarbeit* und um die Entwicklung von Strategien gegen die Ausgrenzung Älterer aus dem Arbeitsleben. Dabei laufen Emanzipations- und

4 Vgl. hierzu: WAGNER, Petra Sabine und WACHTLER, Günther: Erwerbstätigkeiten von Rentnerinnen und Rentnern. Empirische Aspekte eines bislang „unterbelichteten“ Phänomens der Arbeitsgesellschaft. In: Arbeit 5(1996)1, S. 7–21; ADIS, Susanne und STENGEL, Martin: Psychosoziale Folgenabschätzung des Berufsaustritts. In: WSI Mitteilungen 4/1997, S. 279–286.

Individualisierungsansprüche Gefahr, von Zukunftsentwürfen in den Hintergrund gedrängt zu werden, die vor allem durch die Verwertbarkeit des Einzelnen bestimmt werden. Zweifellos hat die Globalisierung in diesem Sinne zu einer neuen „Jugendzentriertheit“ bei idealtypischen Anforderungen an Arbeitskräfte geführt. Immer Neues, immer Anderes muss immer schneller produziert und konsumiert werden, um im globalen Wettbewerb bestehen zu können. Altes und Bewährtes, das in einer Zeit gewachsen ist, zählt hier – so scheint es – nichts mehr. Und das bleibt nicht ohne negative Auswirkungen auf das Ansehen Älterer mit ihren gewachsenen Erfahrungen in Beruf und Betrieb, ihrer größeren Bedächtigkeit, Beständigkeit und Weitsicht.

Allerdings beginnt bei Unternehmen die Erkenntnis zu wachsen, dass gerade diese Eigenschaften wichtige Schlüsselqualifikationen in betrieblichen Entwicklungsprozessen sind. Zum Profil dieser Schlüsselqualifikationen gehören langjährige Berufserfahrung und Betriebszugehörigkeit, emotionale Bindung an Arbeit und Betrieb, Zuverlässigkeit und Verantwortungsbewusstsein. Für Ältere verlieren rein materielle Aspekte der Arbeit und Karriereambitionen an Bedeutung. Lebenserfahrung führt zu Konfliktfähigkeit und generationsübergreifender Verantwortung.

Qualifikationsprofile, in denen sich Fachwissen und Erfahrung verbinden, können in Kombination mit Neuem und rasanten Veränderungen eine solide Basis betrieblicher Entwicklung bilden. Es geht also um Entwicklung und Gestaltung gesellschaftlicher Zukunft und nicht um „Notprogramme“, deren Ziel es ist, auch mit Älteren den Status quo aufrechtzuerhalten oder „zu retten, was zu retten ist“.

Demographischer Wandel

Dieser Eindruck wird jedoch häufig vermittelt, wenn es um den demographischen Wandel und die Älteren geht. Die Rede ist von einer „Alterspyramide, die sich auf den Kopf stellt“, von „wandernden Alters- und Rentnerbergen“ und nicht zuletzt von „Vergreisung der Gesellschaft“. All diese Bilder sind solche der Instabilität, der Bedrohung und Endzeitstimmung – und sie regen nicht gerade dazu an, kreativ zukunfts- und lebensorientiert an Konzeptentwicklungen etwa zur Weiterbildung Älterer zu gehen. Der unbekannte Ausgang der absehbaren Entwicklungen in der Alterszusammensetzung der Bevölkerung weckt eher negative Assoziationen, weil wir dazu neigen, uns vor Unbekanntem zu fürchten. Dabei kann man doch ebenso gut den unbekannten Ausgang mit positiver Neugier besetzen und von hieraus erkennen, dass die Entwicklung so sein wird, wie wir sie gestalten. In ihrem sehr empfehlenswerten Werk über den „Mythos Alter“[5] fasst Betty Friedan den Alterungsprozess von Gesellschaften als eine ganz neue Erfahrungsdimension des Menschen. Nie zuvor, so

5 FRIEDAN, Betty: Mythos Alter. Reinbek bei Hamburg 1995.

führt sie aus, habe die Menschheit die Chance gehabt, über eine so lange Lebenszeit hinweg ihre Potenziale zu entfalten, nie zuvor sei es Gesellschaften vergönnt, von den Entwicklungsmöglichkeiten des Menschen bis ins hohe Alter hinein profitieren zu können und sich positiv in neuen Dimensionen zu entwickeln.

Sicher ist, dass die Alterszusammensetzung der Bevölkerung sich entscheidend verändern wird: Bis 2010 werden die unter 30-Jährigen 20 %, die 30- bis 50-Jährigen über 50 % und die über 50-Jährigen 30 % der Erwerbspersonen ausmachen. Nehmen wir nun die über 60-Jährigen in Deutschland, die Altersgruppen, die – halten wir unsere heutigen Strategien aufrecht – nicht mehr aktiv am Erwerbsleben teilnehmen werden: Ihr Anteil an der Gesamtbevölkerung beträgt heute etwas über 20 %, steigt im Jahr 2000 auf 26 % und wird 2030 auf 35 % bis 40 % ansteigen.[6] Als dramatisch wird diese Entwicklung vor allem deshalb empfunden, weil ihre Konsequenzen bereits deutlicher werden, ohne dass bisher langfristig greifende Handlungskonzepte entwickelt worden sind.

Regelungen des Übergangs in den Ruhestand, das Rentensystem und die Pflegeversicherung sowie die materielle Absicherung im Alter sind hier die in der Diskussion stehenden Problemfelder. Dabei greifen vorhandene Konzepte immer weniger und verlieren ihre Wirkung. Die Rentensysteme sind schon durch die gestiegene Lebenserwartung und die Verkürzung der Lebensarbeitszeit vor große Herausforderungen gestellt. Und sie kommen zusätzlich durch arbeitsmarktpolitische Strategien zur frühzeitigen Ausgliederung Älterer aus dem Berufsleben unter Druck. Zugleich bewirken diese Strategien durchaus nicht mehr so große Entlastungseffekte auf dem Arbeitsmarkt wie zuvor: So ging in Deutschland zum Beispiel der Entlastungseffekt durch Altersübergangsgeld von 1 Million im Jahr 1995 auf eine $^3/_4$ Million im Jahr 1996 zurück.[7]

Doch der demographische Wandel bedeutet mehr als das Anwachsen der Bevölkerungsgruppen, die aus dem Erwerbsleben ausscheiden. Vielmehr wird sich die Struktur des Erwerbspersonenpotenzials – derjenigen, die aktiv am Erwerbsleben teilnehmen oder teilnehmen können, – verändern. PROGNOS z. B. kommt hier zu folgenden Ergebnissen[8]: Das Erwerbspersonenpotenzial wird über höherwertige Schul- und Berufsabschlüsse verfügen, Tätigkeiten mit höherwertigen Anforderungen ausüben, eher im Dienstleistungsbereich und in Klein- und Mittelbetrieben tätig sein, mit neuen Technologien arbeiten und in steigendem Maße weiblich sein.

Es verzahnen sich also Strukturwandel in Alter, Geschlecht und Wirtschaft und dies, folgt man dieser Prognose, nicht unbedingt im negativen Sinne.

---

6 Vgl. Enquetekommission Demographischer Wandel 1994.

7 Presse-Informationen der Bundesanstalt für Arbeit, Nr. 2/97: Der Arbeitsmarkt im Dezember 1996 Bundesrepublik Deutschland, S. 18.

8 PROGNOS AG: Arbeitslandschaft bis 2010 nach Umfang und Tätigkeitsprofilen. Textband. BeitrAB 131.1. Nürnberg 1989; dies.: Arbeitslandschaft bis 2010 nach Umfang und Tätigkeitsprofilen. Anlagenband. BeitrAB 131.2. Nürnberg 1989.

Heute weist die Diskussion über Bedeutung und Folgen des demographischen Wandels zwei Hauptstränge auf: der eine zielt auf *Einbeziehung*, der andere auf *Ausschluss* Älterer aus dem Erwerbsleben. In dem einen geht es um Emanzipation des Alters und Älterer, um die Befreiung von negativen Zuschreibungen und eingeengten Sichtweisen, die Ausgrenzung und negative Bewertungen des Alters begründen. In dem anderen werden eben solche negativen Vorurteile gegenüber dem Alter und den Älteren verstärkt und hervorgehoben. Der „Entberuflichung des Alters", ein Begriff, der von der Altersforscherin Ursula Lehr geprägt wurde, wird so Vorschub geleistet, und dies betrifft immer jüngere Ältere. Eine solche Strategie kann vor dem Hintergrund des demographischen Wandels nicht zukunftsträchtig sein. Vielmehr müssen die Notwendigkeiten zu Veränderungen in der betrieblichen Personalpolitik[9], in der beruflichen Weiterbildung älterer Beschäftigter und Arbeitsloser sowie zur Verbesserung der Stellung Älterer im Erwerbs- und Berufsleben als Herausforderungen angenommen werden. Beschäftigungschancen Älterer müssen erhöht, Arbeitsmarktrisiken gesenkt werden, das zeigt sich recht deutlich bei einem Blick auf die

Situation Älterer auf dem Arbeitsmarkt

Im Juli 1998 waren von den insgesamt 4.134.464 Arbeitslosen in Deutschland 3 Prozent unter 20 Jahre, 8,8 Prozent zwischen 20 und 25 Jahre, aber 22,6 Prozent 55 Jahre und älter.

Die Alternsdiskussion ist nicht mehr auf die nachberufliche Phase und die aus dem Erwerbsleben Ausgeschiedenen beschränkt. Altern definiert sich – vor dem Hintergrund wachsender Arbeitsmarktprobleme – schon längst nach einem anderen zeitlichen Maßstab: Das Risiko, nach dem Verlust des Arbeitsplatzes nicht wieder in Arbeit zu kommen, ist heute bereits für über 40-Jährige spürbar; das Risiko, lediglich eine unsichere Beschäftigung zu finden, gilt in der Europäischen Union für die über 55-Jährigen als besonders hoch[10]; das Risiko der Langzeitarbeitslosigkeit nimmt mit steigendem Lebensalter deutlich zu: Mitte der 80er Jahre waren ca. 40 Prozent der Langzeitarbeitslosen über 45 Jahre alt, Ende der 80er Jahre deutlich über die Hälfte, und Anfang der 90er Jahre waren es zwei Drittel.[11]

9 HUBER, Achim: Demographischer Wandel und betriebliche Personalpolitik. In: Beiträge 10(1997)3, S. 3–14. (Arbeitskammer des Saarlandes, Hrsg.:) Ältere Arbeitnehmer im Betrieb von morgen.

10 LETOURNEUX, Véronique: Precarious Employment and Working Conditions in Europe. European Foundation for the Improvement of Living and Working Conditions. Luxembourg 1998, S. 18.

11 BOGAI, Dieter u. a.: Binnenstruktur der Langzeitarbeitslosigkeit älterer Männer und Frauen. In: MittAB 2/94, S. 73–93.; BÄCKER, Gerhard und NAEGELE, Gerhard: Ältere Arbeitnehmer zwischen Langzeitarbeitslosigkeit und Frühverrentung. In: WSI-Mitteilungen 12/1995, S. 777–784. Ein entsprechendes Bild zeigt sich auch in Österreich; vgl. hierzu: AUER, Manfred: Die Beschäftigungsproblematik älterer Arbeitnehmer aus betrieblicher Perspektive. Empirische Ergebnisse aus Tirol. In: Arbeit 5(1996)4, S. 438–454.

Mangelnde berufliche Qualifikation und gesundheitliche Beeinträchtigungen, die als hauptsächliche Verursachungsfaktoren der Arbeitslosigkeit Älterer betrachtet werden, reichen als Erklärungsfaktoren nicht aus. Es sind entscheidend auch Spezifika von Erwerbsverläufen – wie Häufigkeit von Phasen der Arbeitslosigkeit oder Berufsunterbrechung –, die das Risiko der Langzeitarbeitslosigkeit mit zunehmendem Alter ansteigen lassen; dabei bieten auch ausgesprochen stabile Erwerbsverläufe keine Garantie gegen dieses Risiko. Und so kann festgestellt werden, „dass es sehr verschiedene Wege in die Langzeitarbeitslosigkeit der über 45-Jährigen gibt. Die Erkenntnis drängt sich auf: Es kann jeden treffen.“[12]

Dies wird überall dort besonders deutlich, wo tief greifende wirtschaftsstrukturelle Veränderungen stattfinden. In hoher Konzentration ist dies seit 1989 in Ostdeutschland der Fall, und die Entwicklungen dort stellen Deutschland vor große Herausforderungen. In der ostdeutschen Situation kulminiert vieles, das im Zuge der demographischen Entwicklungen und der Strukturveränderungen der Wirtschaft auch in anderen Regionen zu finden sein wird.

In Ostdeutschland hat es eine besonders dramatische und rapide Entwicklung der Veränderung der altersbezogenen Zusammensetzung der Erwerbstätigen im gesellschaftlichen Umbruch gegeben. Innerhalb von nur vier Jahren, zwischen 1990 und 1994, sind praktisch alle über 60-Jährigen und ein Großteil der über 55-Jährigen durch Vorruhestand oder Arbeitslosigkeit faktisch aus dem Erwerbsleben ausgeschieden.[13] Dies mag als arbeitsmarktpolitischer Erfolg gelten, wie Infratest in einer Untersuchung feststellt: „Mit der Vorruhestandsregelung bzw. dem Altersübergangsgeld sollte der Arbeitsmarkt durch einen vorzeitigen Übergang älterer Erwerbspersonen in den Ruhestand entlastet werden. Dieses Ziel wurde erreicht: Es gibt heute kaum noch Erwerbstätige über 55 Jahre in den neuen Bundesländern.“[14] Man kann hier von einer besonders drastischen Entwicklung zur „Entberuflichung des Alters“ sprechen, ja von einer gezielten Ausgrenzung Älterer aus dem Berufsleben. Sozialstrukturelle Folgen dieser Entwicklungen, insbesondere die Veränderung der Altersstruktur betrieblicher Belegschaften, stehen in einer kritische Diskussion der bislang als sozialverträglich geltenden Strategien des Arbeitskräfteabbaus. Tatsächlich findet sich hier ein Entwicklungsparadox: Obwohl die Älteren aus vielen Unternehmen durch Vorruhestand etc. ausgeschieden sind, weisen die Unternehmen Alterungsprozesse auf, denn die Altersspanne der Beschäftigten ist um ca. 10 Jahre verringert worden[15] – und zwar durch

12 BOGAI, Dieter u. a., ebd., S. 78.

13 Vgl.: ERNST, Jochen: Alterserwerbstätigkeit und Ruhestand in Ostdeutschland. In: Arbeit 5(1996)2, S. 201–222. Eine altersbezogene Analyse für den Zeitraum 1989–1992 aus dem Arbeitsmarktmonitor zeigt diese Entwicklung differenziert auf. Siehe: Infratest Sozialforschung: Erwerbsverläufe seit der Wende. München 1993, S. 14–17.

14 Infratest Sozialforschung: Erwerbsverläufe seit der Wende. München 1993, S. 45.

15 JASPER, Gerda und ROHWEDDER, Annegret: Erfahrung und Innovation: Betrachtungen vor dem Hintergrund rasch alternder Belegschaften in ostdeutschen Unternehmen. In: VOLKHOLZ, Volker, JASPER, Gerda und ROHWEDDER, Annegret: Änderung der betrieblichen Alterszusammensetzung: Gestaltungsherausforderungen. Hans-Böckler-Stiftung (Hrsg.): Graue Reihe 132. Düsseldorf 1997, S. 42–103.

das Ausscheiden Älterer und die zugleich stärkere Betroffenheit jüngerer, bis 35-Jähriger von Entlassungen[16] und die fehlenden Möglichkeiten zu Neueinstellungen. Die zitierte Untersuchung kommt zu dem Ergebnis, dass olympiareife Unternehmen – solche mit sehr jungen Belegschaften – und weise Unternehmen – solche mit eher alten Belegschaften – überwiegen, gesunde, weil altersausgewogene Betriebe hingegen kaum anzutreffen sind. Hier wird noch einmal deutlich, dass die Altersproblematik durchaus nicht nur bezogen auf Ältere, sondern auch bezogen auf Jüngere zu betrachten ist und letztendlich eben in altersbezogenen Ungleichgewichten besteht, die zugleich Ungleichgewichte von Wissens- und Erfahrungsbeständen sind.

Solche Strukturveränderungen in Belegschaften treten typischerweise im Zusammenhang mit Betriebsschließungen im Rahmen von Strukturveränderungen auf. Hier kann auf ein Beispiel aus einer anderen Zeit, nämlich den 80er Jahren, und einer anderen Region, nämlich Westdeutschland, zurückgegriffen werden. Die AG „Weser" in Bremen war Mitte der 70er Jahre mit 5.500 Beschäftigten das zweitgrößte Schiffsbauunternehmen in der Bundesrepublik. Zu diesem Zeitpunkt war fast die Hälfte der Belegschaft weniger als fünf Jahre im Betrieb tätig. 1983 stand das Unternehmen vor der Schließung. Im Vergleich zwischen der Zeit des Booms Mitte der 70er Jahre und der der Schließung waren folgende Unterschiede in der Struktur der Belegschaft zu verzeichnen: Das durchschnittliche Alter der AG „Weser" Belegschaft betrug 1975 37 Jahre, 1983 jedoch 43 Jahre, 1975 war fast ein Drittel der Belegschaft unter 30 Jahren, 1983 nur noch 10 %. Entsprechend gestiegen war die Anzahl der Älteren. Zwei Drittel der Werftbelegschaft war zum Zeitpunkt der Schließung über 40 Jahre alt, fast ein Drittel sogar über 50.[17]

Es mussten umfangreiche Maßnahmen ergriffen werden, die die Altersstruktur der Betroffenen ebenso berücksichtigten wie den regionalen Arbeitsmarkt. Diese Maßnahmen waren relativ erfolgreich, denn die meisten auch älteren Facharbeiter konnten durch Umschulungen und Qualifizierungen neue Beschäftigungen finden. Bezeichnenderweise hatten zwei Gruppen Älterer ernste Probleme auf dem Arbeitsmarkt: Frauen und Immigranten.

Im wirtschaftlichen Strukturwandel bedeutet Arbeitslosigkeit heute schon für über 40-Jährige häufig das abrupte Ende des Berufslebens. Zweifellos kann das vorzeitige Ende des Berufslebens für Ältere auch eine Entlastung darstellen und – unter der Voraussetzung finanzieller Absicherung – eine Lebensphase eröffnen, in der man Zeit hat und viele neue Erfahrungen sammeln und neue Freiheiten genießen kann.[18] Und tatsächlich mag insbesondere in einer Situation extremer Arbeitsplatzunsicherheit

16 Vg. JASPER/ROHWEDDER, a. a. O., S. 61/62.

17 HESELER, Heiner: Stabile und instabile Erwerbsverläufe bei Betriebsstillegungen. In: DRESSEL, Werner u. a. (Hrsg.): Lebenslauf, Arbeitsmarkt und Sozialpolitik. BeitrAB 133, Nürnberg 1990, S. 125.

18 SCHWITZER, Klaus-Peter: Alte Menschen in den neuen Bundesländern. In: Aus Politik und Zeitgeschichte 1993, B 44, S. 39–47; ERNST, Jochen: Bedingungen und Folgen des vorzeitigen Ruhestandes in Ostdeutschland. In: WSI-Mitteilungen 8/1994, S. 498–507.

Frühverrentung vom Stress der Ungewissheiten des Berufslebens entlasten und auch daher positiv bewertet werden. Häufig jedoch stellt der vorzeitige Ruhestand bzw. der Eintritt der Arbeitslosigkeit gerade für Ältere eine große Belastung dar, weil das Ende des Berufslebens nicht wie selbst geplant verläuft und auf diese Weise die Umsetzung von Lebenskonzepten und die Gestaltungsmöglichkeiten des eigenen Lebens entscheidend reduziert werden.

In stärkerem Maße als die Frühverrenteten selbst scheinen die etwas jüngeren Altersgruppen von dieser lebensalterbezogenen Neustrukturierung von Berufsleben mit gesellschaftlicher Dimension betroffen zu sein. Es ist gerade *deren* Wahrnehmung des eigenen Lebensalters und dessen Bedeutung im Falle insbesondere von (Langzeit-) Arbeitslosigkeit, das wesentlich tangiert wird. So wurde etwa in einer Studie des Bundesinstituts für Berufsbildung über Berufsbiographien von Frauen in Ostdeutschland[19] deutlich, dass gerade die 30- bis 40-Jährigen durch Arbeitslosigkeit eine Verschiebung ihrer Alterswahrnehmung erleben und sich im Prozess beruflicher Neuorientierung – z. B. im Rahmen einer Weiterbildungsmaßnahme – mit dem Thema Alter zukunftsbezogen auseinandersetzen. Fragen beruflichen Neuanfangs werden von Aussagen begleitet wie: „Ich bin 30 Jahre alt, ich glaube, 30 Jahre ist noch kein Alter, wo ich sage: Ich kann nicht noch mal anfangen. Ich bin noch keine 80, ne?“ Lern- und Leistungsfähigkeit stehen selbst mit Mitte 30 in Frage: „Also das wüsste ich nicht, ob ich das noch mal schaffe. Aber gut. Dann, ich habe auch gehört, dass viele, die noch älter sind als wir, das auch machen.“

Die geringeren Arbeitsmarktchancen Älterer spiegeln sich schließlich in *Stellenanzeigen*. Ein erster altersbezogener Blick auf die im Rahmen einer derzeit im BIBB durchgeführten Stellenanzeigenanalyse zur Qualifikationsentwicklung zeigt: Alter im Sinne von älter bildet überall dort, wo Altersangaben gemacht werden, eher ein Ausschlusskriterium. Am häufigsten werden, was nicht überrascht, Personen im Alter zwischen 30 und 40 Jahren gesucht. Doch gibt es durchaus auch eine gewisse, wenngleich geringe Nachfrage nach Älteren, nach über 45-jährigen Fachkräften. Diese findet sich dort, wo es um Führungspositionen geht, und bei technischen Fachkräften, etwa Ingenieuren. Natürlich gibt es auch eine Reihe Stellenanzeigen, in denen sich keine Altersangaben finden und so nicht ausgeschlossen ist, dass auch Ältere mit einem entsprechenden Qualifikationsprofil hier Chancen haben können.

Betrachtet man nun *Stellengesuche*, so findet sich eine beträchtliche Anzahl von Annoncen, in denen ältere Inserenten und Inserentinnen ihr Alter angeben und es auch ansprechen, etwa mit Formulierungen wie „Jung gebliebene 50-Jährige ...“ oder „Fachkraft im biblischen Alter von 45 Jahren“. Dieser Personenkreis stellt in Annoncen sein Lebensalter in der Regel in einen Zusammenhang mit langjähriger Berufs-

19 PUHLMANN, Angelika: Arbeitslosigkeit und berufliche Neuorientierungen von Frauen in Ostdeutschland. Berufsbiographien und berufliche Qualifizierung im Umbruch. Bundesinstitut für Berufsbildung. Der Generalsekretär (Hrsg.). Berichte zur beruflichen Bildung 219. Bielefeld 1998.

erfahrung, mit Zuverlässigkeit, Einsatzbereitschaft, Flexibilität und Belastbarkeit, und er verweist auch auf erfolgreich absolvierte berufliche Weiterbildungen und erworbene Zertifikate. Ältere greifen also bei dieser Form der Stellensuche negative und positive Bilder Älterer auf und präsentieren sich mit einem auch altersbezogen positiven Profil.

Beschäftigungsrisiken Älterer belegen eine Altersdiskriminierung und bleiben nicht ohne Auswirkungen auf Selbst- und Fremdwahrnehmung sowie Einschätzung Älterer. Dabei geht es jedoch nicht nur um die Tendenz, Ältere ab einem bestimmten Lebensalter aus dem Berufsleben auszugrenzen. Vielmehr sind Beschäftigungsrisiken differenziert. Bildungs- und Ausbildungsstand, berufliche Werdegänge, Berufe und Branchen sowie Geschlecht und Herkunft spielen eine entscheidende Rolle, wenn es um die Verteilung von Beschäftigungsrisiken geht. Und schließlich bedeutet Beschäftigungsrisiko nicht allein Gefahr von Arbeitslosigkeit, sondern umfasst durchaus auch unterwertige Beschäftigung. Welch differenziertes Bild sich, bezogen auf Frauen in West- und Ostdeutschland, unter altersbezogenen Aspekten zeigt, wenn es um unterwertige Beschäftigung geht, mag mit folgendem Untersuchungsergebnis skizziert werden: „In Westdeutschland sind *jüngere Frauen* (bis unter 30 Jahre) mit einer abgeschlossenen Berufsausbildung deutlich besser vor unterwertiger Beschäftigung geschützt als ältere. Bei westdeutschen Akademikerinnen sind keine Auffälligkeiten zu beobachten, allenfalls ein etwas überproportional hoher Anteil an unterwertiger Beschäftigung in der *obersten Altersgruppe* (45 Jahre und älter). In Ostdeutschland ergibt sich hinsichtlich des Alterseffekts ein deutlich anderes Bild. Hier sind es die *Jüngeren*, die überproportional häufig auf unterwertigen Arbeitsplätzen beobachtet werden. Besonders stark ausgeprägt ist der Zusammenhang bei Frauen mit höheren Qualifikationen.“[20]

Die Ausgrenzung Älterer hat viele Varianten und führt für die Betroffenen wie auch für die Gesellschaft zu Problemen. Wertvolle Potenziale können sich nicht weiterentwickeln und im Sinne der Einzelnen und des Ganzen genutzt werden. Anti-Diskriminierungsmaßnahmen scheinen notwendig, wie etwa die im Entwurf vorliegenden „Gesetze gegen Altersdiskriminierung“ in den Niederlanden und in Finnland, die bei Auswahlverfahren und Einstellungen Anwendung finden sollen.[21]

Ausgrenzungen führen zu einer „Entberuflichung des Alters“[22], die im Hinblick auf den demographischen Wandel fatale Folgen haben wird – denn das Erwerbspersonenpotenzial wird eben in zunehmendem Maße aus Älteren bestehen. Und hier nun tauchen angesichts der ökonomischen Veränderungen Fragen der Innovationsfähig-

20 BÜCHEL, Felix und WEISSHUHN, Gernot: Unter Wert verkauft. Ausbildungsinadäquate Beschäftigung von Frauen in West- und Ostdeutschland. Bielefeld 1997, S. 33.

21 Siehe dazu: InforMISEP, Nr. 61, 1998, S. 26/27.

22 LEHR, Ursula: Ältere Arbeitnehmer – Dispositionsfonds der Arbeitsmarktpolitik? In: Dies. u. a. (Hrsg.): Ältere Arbeitnehmer – heute gejagt – morgen gefragt? Konrad Adenauer Stiftung (Hrsg.): Interne Studien Nr. 125/1996, S. 9.

keit von Betrieben und nach ihrer Zukunft mit alternden Belegschaften auf.[23] Hier nun taucht auch die Frage auf, ob wir unsere Strategien des – sehr unterschiedlichen – Umgangs mit älteren Beschäftigten und älteren Arbeitslosen aufrecht erhalten wollen.

Denn die Beschäftigungsrisiken Älterer sind unterschiedlich verteilt. Während soziale Übereinkünfte und besonderer Kündigungsschutz Ältere durchaus vor Entlassungen schützen, gelten bereits all jene im Alter von über 40 Jahren, die ihren Arbeitsplatz verloren haben, als Problemgruppe des Arbeitsmarkts. Während betriebliche Weiterbildungskonzepte für über 50-Jährige entwickelt werden, bleiben viele Arbeitsuchende dieser Altersgruppe trotz erfolgreicher Teilnahme an Weiterbildung ohne Beschäftigung. Auch das Wissen um geringe Wiederbeschäftigungschancen schmälert die Motivation älterer Arbeitsloser, sich auf Maßnahmen zur beruflichen Weiterbildung einzulassen, und es lässt das Selbstvertrauen darin, Neues hinzulernen und sich in ein neues Tätigkeitsfeld hineinfinden zu können, nicht unberührt. Qualifizierungsmaßnahmen für Arbeitslose werden zudem nur für ein sehr enges Berufsspektrum angeboten, so dass schon hierdurch die Möglichkeiten, eigene Vorstellungen über die berufliche Zukunft umzusetzen, eingeschränkt sind. Dies mag gerade bei Älteren, die häufig ja sehr lange in einem Beruf oder gar in einem Betrieb beschäftigt waren, umso schwerer wiegen. Erschwerend kommt hinzu, dass die Teilnahme an Weiterbildung erst nach einer längeren Zeit der Arbeitslosigkeit möglich ist und die dequalifizierenden Folgen von Arbeitslosigkeit auf diese Weise zur Ausgangssituation bei Beginn einer Weiterbildung verfestigt sind und bei dieser Gruppe nur allzu schnell als negatives Merkmal ihres Lebensalters interpretiert werden.

Auch diese Aspekte und Diskrepanzen unterstreichen die Dringlichkeit, den gesellschaftlichen Umgang mit Alter und Altern zu verändern: Berufliche Weiterbildung ist in jedem Fall – ob betrieblich oder öffentlich gefördert – eine gesellschaftliche und individuelle Investition. Sie lohnt sich dann – *und nur dann* – wenn sie sich in der Praxis, in adäquater Beschäftigung oder Wiederbeschäftigung, umsetzt. Nicht nur bezogen auf personalpolitische Maßnahmen in Betrieben also, sondern auch bezogen auf das Einstellungsverhalten von Betrieben, bedarf es eines stärkeren Umdenkens bezogen auf das Kriterium Alter.

Die Älteren und die Betriebe

Als Herausforderungen des demographischen Wandels an Betriebe werden genannt: Entwicklung von altersgerechten Qualifizierungskonzepten, altersgerechter Arbeitszeitgestaltung, von Gesundheitsschutz und Humanisierung der Arbeit, altersangemessener Arbeitsplatzgestaltung und Arbeitsorganisation. In der betrieblichen Pra-

23 Vgl. hierzu: BÄCKER, Gerhard: Zukunft mit alternden Belegschaften. In: forum demokratie und politik 1995/7, S. 45–58.

xis findet ein solches Umdenken bereits seinen Niederschlag. Ältere Mitarbeiter stellen, dies haben eine Reihe von Betrieben inzwischen festgestellt, ein Reservoir an fachlichen Qualifikationen und Erfahrungen, die für das betriebliche Ganze ebenso wichtig sind wie ihre betriebsbezogenen und individuellen sozialen Qualifikationen. Die Vorteile einer gezielten Entwicklung dieser Potenziale werden gegenüber den Nachteilen einer vorzeitigen Ausgliederung Älterer heute durchaus erkannt.[24] So haben Vorruhestandsregelungen soziale Härten bei betrieblichen Schrumpfungsprozessen abpuffern können, doch haben sie zugleich Qualifikations- und Erfahrungslücken hinterlassen, die durch Jüngere nicht geschlossen werden konnten. Die Wiederbeschäftigung verrenteter Arbeitnehmer und Arbeitnehmerinnen[25] ist *eine* Strategie von Betrieben, diese Erfahrungs- und Qualifikationslücken zu schließen; die gezielte Einbeziehung Älterer in betriebliche Veränderungsprozesse über berufliche Weiterbildung eine *andere*.

Ältere und berufliche Qualifizierungsmaßnahmen

Ältere sind, vor allem vor dem Hintergrund der Arbeitslosigkeit, zur besonderen Zielgruppe beruflicher Weiterbildung geworden. In diesen Zusammenhang gestellt, liegt der Fokus zwangsläufig auf Älteren als einer „Problemgruppe des Arbeitsmarkts". Trotz Massenarbeitslosigkeit halten wir an der Interpretation fest, dass arbeitslos wird, wer Qualifikationsdefizite aufweist. Nicht nur, aber insbesondere auch bezogen auf Ältere, erweist sich diese Formel als nicht tragfähig. Wenngleich auch Ältere mit geringem Qualifikationsniveau ein höheres Arbeitsmarktrisiko tragen, ist die Arbeitslosigkeit Älterer in der Regel durch Betriebsschließungen und ökonomische Krisen einzelner Branchen bedingt. Als Potenzial betrieblicher oder gar sozio-ökonomischer Entwicklung werden insbesondere ältere Arbeitslose kaum gesehen und beachtet. Solch ein altersbezogener Blick findet erst zögerlich Verbreitung. Und so finden wir in der Regel heute noch immer in der beruflichen Weiterbildung eine Situation vor, die Älteren zu wenig Beachtung schenkt und ihnen selbst Probleme bereitet.

Altersunabhängige Konzepte sind meist auf Jüngere zentriert, Ältere finden sich oft vereinzelt unter Jüngeren, ihre spezifischen Arten des Lernens, der Qualifikationen, Erfahrungen und beruflichen Zukunftsvorstellungen werden nicht beachtet, altersbezogene Strategien der Arbeitsplatzsuche und der Bewerbung fehlen ebenso wie die individuelle Begleitung in eine neue Tätigkeit. Nur allzu häufig noch finden sich Ältere zudem in Qualifizierungsmaßnahmen, deren inhaltliche Ausrichtung nicht ihren Wünschen entsprechen. All diese Faktoren wirken, wenngleich dies nicht in-

24 Vgl. hierzu FRITSCH, Stephan: Aktivierung des Potentials älterer Mitarbeiter. In: Personal 3/1996, S. 130–132.

25 WACHTLER, Günter: Betriebliche Nutzung verrenteter Arbeitskräfte. In: LEHR, Ursula u. a. (Hrsg.): Ältere Arbeitnehmer – heute gejagt – morgen gefragt? Konrad Adenauer Stiftung (Hrsg.): Interne Studien Nr. 125/1996, S. 63–72.

tendiert ist, entmutigend und langfristig demotivierend, und sie können tatsächlich als Form der Diskriminierung Älterer bezeichnet werden.

Die Hinwendung zur beruflichen Weiterbildung Älterer ist vor dem Hintergrund des demographischen Wandels auch mit der Frage nach der „Innovationsfähigkeit von Betrieben angesichts alternder Belegschaften“[26] verbunden. Können die anstehenden wirtschaftlichen und betrieblichen Erneuerungsprozesse mit älteren Mitarbeiterinnen bewältigt werden? Sind Ältere nicht eher lernungewohnt und wenig motiviert, an beruflicher Weiterbildung teilzunehmen? Sind sie Neuem gegenüber nicht eher skeptisch als aufgeschlossen? Solche Zweifel an Qualifizierungsbereitschaft und -fähigkeit Älterer scheinen sich bei einem Blick auf die Statistik zu bestätigen: Mit zunehmendem Lebensalter nimmt die Weiterbildungsbeteiligung ab. So haben 1994 von den 50- bis 64-Jährigen 14 Prozent an beruflicher Weiterbildung teilgenommen, bei den 35- bis 49-Jährigen waren es 29 Prozent.[27] Wenngleich nachgewiesen ist, dass Alter nur ein Faktor unter zahlreichen anderen ist, die die Weiterbildungsteilnahme beeinflussen[28], so zeigt sich doch auch, dass die Kombination von Alter und Nicht-Teilnahme an Weiterbildung besonders negativ zu Buche schlägt, wenn es um (Wieder-) Beschäftigung Älterer geht. Dabei wird heute jedoch durchaus gesehen, dass als Gründe für die rückläufige Weiterbildungsteilnahme Älterer „vor allem von außen gesetzte Zugangsbarrieren zum Tragen kommen. In Betrieben wird eine Einbeziehung von Älteren in die berufliche Weiterbildung oft als unwirtschaftlich angesehen. Im AFG-Bereich ist das ähnlich. Ein weiterer Grund für die geringe Weiterbildungsbeteiligung Älterer liegt in fehlenden Qualifizierungskonzepten, die an den besonderen Erfordernissen der Zielgruppe ausgerichtet sind.“[29]

Einschätzungen der Qualifikationen, Lern- und Leistungsfähigkeiten Älterer basieren auch auf betrieblicher Seite häufig gleichermaßen auf Vorurteilen und Erfahrungen. Sie sind neben einem höheren Krankheitsrisiko und hohen Lohnkosten für Arbeitgeber Gründe, die gegen eine Einstellung Älterer sprechen. Für die Einstellung Älterer hingegen sprechen hohe Erwartungen an Zuverlässigkeit, berufliche Erfahrung und Fachqualifikation.[30] Wenn positive und negative Erwartungen an und Erfahrungen mit Älteren reflektiert werden, bildet dies im besten Fall Anlass, neue Wege

26 WACHTLER, Günther, FRANZKE, Heike und BALCKE, Jörg: Die Innovationsfähigkeit von Betrieben angesichts alternder Belegschaften. Friedrich-Ebert-Stiftung (Hrsg.): Gesprächskreis Arbeit und Soziales. Bonn 1997; VOLKHOLZ, Volker, JASPER, Gerda und ROHWEDDER, Annegret: Änderung der betrieblichen Alterszusammensetzung: Gestaltungsherausforderungen. Hans-Böckler-Stiftung (Hrsg.): Graue Reihe 132. Düsseldorf 1997; JASPER, Gerda, ROHWEDDER, Annegret und SCHAARWÄCHTER, Benjamin: Erfahrung und Innovationsbereitschaft – Oder: Können alternde Belegschaften innovative Belegschaften sein? In: Beiträge 10(1997)3, S. 15–16. (Arbeitskammer des Saarlandes Hrsg.:) Ältere Arbeitnehmer im Betrieb von morgen.

27 BMBF (Hrsg.): Berichtssystem Weiterbildung IV. Bonn 1996, S. 111. Eine kritische Betrachtung altersbezogener statistischen Auswertungen zum Weiterbildungsverhalten sowie der daraus gezogenen Schlussfolgerungen findet sich bei GALLENBERGER, Wolfgang: Berufliche Weiterbildungsteilnahme – (k)eine Frage des Alters?! In: BWP 27(1998)1, S. 20–25.

28 Vgl.: STRAKA, Gerald A. und KUWAN, Helmut: Einflußfaktoren auf die berufliche Fort- und Weiterbildung von Erwerbstätigen unter besonderer Berücksichtigung des Lebensalters. In: ABEL, Jürgen (Hrsg.): Berufliche Weiterbildung und neue Technologien. Münster und New York 1994, S. 139–149.

29 BMBW: Berufsbildungsbericht 1994, S. 142.

30 Vgl. hierzu AUER, a. a. O. 1996, S. 443–444.

in der betrieblichen Weiterbildung und in der Organisationsentwicklung zu beschreiten, die die Bedürfnisse, Schwächen und Stärken Älterer nicht nur berücksichtigen, sondern zugleich als Humanressourcen erschließen.[31]

Praktisch alle neueren Ansätze und Konzepte machen deutlich: Bei der beruflichen Weiterbildung mit Älteren spielt Individualität eine herausragende Rolle – letztlich ist sie die Komponente, die mit zunehmendem Alter wächst. Lebens-, Berufs- und Lernerfahrungen spielen eine immer entscheidendere Rolle, nicht weil sie einfach mehr würde, sondern weil sie in ihrer spezifischen Kombination die Besonderheit und die Persönlichkeit des Menschen ausmachen. Die „Kunst" einer erfolgreichen Weiterbildung mit Älteren, sei es nun im Kontext einer Berufstätigkeit oder in dem der Arbeitslosigkeit, scheint in jedem Fall in der positiven Berücksichtigung von Individualität zu bestehen. Für Ältere ist die spürbare Akzeptanz ihrer lebensgeschichtlichen und berufsbezogenen Erfahrungen und Qualifikationen als Ausgangsbedingung für ihren Lernerfolg von herausragender Bedeutung. Fühlen sie sich in die Rolle unmündiger Schüler verwiesen, ist das für sie auch deshalb so entmutigend, weil häufig gerade dadurch negative Lernerfahrungen aktualisiert werden.

Heute kann festgestellt werden, dass der Individualität Älterer in betrieblichen Ansätzen zunehmend Rechnung getragen wird. In der Weiterbildungspraxis mit älteren Arbeitslosen hingegen finden sich Individualisierung und Differenzierung noch immer viel zu selten – mit fatalen negativen Folgen für Motivation, Lernerfolg und berufliche Reintegration. Die meisten älteren Arbeitslosen haben schon seit längerem ihre Arbeit verloren, und die psycho-sozialen Folgen der Arbeitslosigkeit, häufig auch Dequalifizierung, sind oft nicht zu übersehen. Arbeitslosigkeit entindividualisiert, und dies besonders mit steigendem Lebensalter, und sie kann mit viel größerer Wahrscheinlichkeit das vorzeitige Ende des Berufslebens bedeuten als in jüngeren Jahren.

Qualifizierungskonzepte

Von der Theorie nun zur Praxis, zu Modellen der beruflichen Weiterbildung Älterer. Aus der Vielzahl der inzwischen entstandenen Ansätze sollen hier drei hervorgehoben werden. Die ersten beiden Modelle sind auf die Reintegration Älterer ins Berufsleben und auf die Prävention der Arbeitslosigkeit Älterer ausgerichtet; das dritte zielt auf die Neugestaltung von Unternehmenskonzepten.

Das erste Beispiel wurde im Rahmen eines Modellversuchs entwickelt, der vom Bundesinstitut für Berufsbildung gefördert wurde. Die Projektleitung lag bei den Beruflichen Fortbildungszentren der Bayerischen Arbeitgeberverbände e. V. Es ging um

31 Siehe dazu: Wuppertaler Kreis (Hrsg.): Ältere Mitarbeiter im Betrieb – Ein Leitfaden für mittelständische Unternehmen. Köln 1997.

die Entwicklung und Erprobung von Qualifizierungskonzepten für ältere Arbeitnehmer aus der Industrie. Die Ausgangsüberlegungen bezogen sich auf folgende Punkte: Situation Älterer auf dem Arbeitsmarkt, Ältere als betriebliches Potenzial, Berufspraxis ist wertvolles Erfahrungswissen ebenso wie gewachsene Kenntnis betrieblicher Organisationsstrukturen, Zuverlässigkeit und Verantwortungsgefühl bilden zusammen mit Lebenserfahrung ein wertvolles Qualifikationsprofil.

Von hieraus wurden die Elemente der Qualifizierungskonzepte entwickelt: Erwachsenengerechte Didaktik (berufliche Erfahrungen als Ausgangspunkte), fall- und aufgabenbezogenes Lernen, Visualisierung, Verbalisierung, Lernen in Lerngruppen; kurze Maßnahmedauer (7–9 Monate), berufliche Umorientierung, Vermittlung theoretischen Grundlagenwissens unter Berücksichtigung neuer Technologien. Praxisphasen in Betrieben wurden durch flankierende Maßnahmen zur Förderung auf dem regionalen Arbeitsmarkt ergänzt (Arbeitsmarktanalysen, Betriebskontakte, Beratung von Unternehmen und Förderung regionaler Netzwerke).

Der Modellversuch war ein großer Erfolg. Der größte Teil der Teilnehmer konnte wieder in Arbeit vermittelt werden, und es wurde ein Handbuch zur Qualifizierung Älterer erstellt.[32]

Gruppen-Outplacement

Ein weiteres Modell, das im Zusammenhang mit der Qualifizierung Älterer interessant ist, ist das Gruppen-Outplacement. Berufliche Weiterbildung dient hier der Prävention von Arbeitslosigkeit bei bevorstehenden Betriebsschließungen oder Teilbetriebsschließungen, und sie ist in ein Gesamtkonzept eingebunden.

Ein solches Modell wurde von der Gesellschaft für soziale Unternehmensberatung, kurz gsub, in Berlin entwickelt. Es fand in verschiedenen Berliner Unternehmen – mit unterschiedlichen Bedingungen im Ost- und Westteil der Stadt – erfolgreich Anwendung. Das Modell wurde von den Arbeitsämtern und der Senatsverwaltung für Arbeit, Berufliche Bildung und Frauen unterstützt.

Die Unternehmen hatten eine lange Tradition und entsprechend langjährig Beschäftigte und also auch zum großen Teil ältere Belegschaften. Ihre Motivationen, am Outplacement teilzunehmen, setzte sich aus den Elementen soziale Verantwortung für Mitarbeiter, Lebensalter, Dauer der Betriebszugehörigkeit, Vermeidung von Verschlechterung im Betriebsklima, langem Trennungsablauf, hohen Trennungskosten, Rechtsstreitigkeiten und Imageverlust zusammen.

32 WENKE, Jochen: Berufliche Weiterbildung für ältere Arbeitnehmer. Dokumentation zum Modellversuch „Entwicklung und Erprobung von Qualifizierungskonzepten für ältere Arbeitnehmer aus der Industrie“. Berufliche Fortbildungszentren der Bayerischen Arbeitgeberverbände e. V.; Wirtschaft und Weiterbildung, Bd. 10; Bielefeld, 1996.

Mit seinen vier Phasen für die betroffenen Arbeitnehmer – Biographisches Interview (Berufswegplanung), Trainingsphase (Kommunikation), Entwicklung von Suchstrategien (Aufbau eines Kontaktnetzes) und Coaching (Nachbetreuung während der Probezeit) – kommt es insbesondere den älteren unter ihnen entgegen, indem es einen hohen Grad an Individualität aufweist. Zusätzlich zum Kommunikations- und Bewerbungstraining wurden Kurse in EDV (Winword, Excel) und Existenzgründung angeboten.

In seiner Struktur ist dieses Modell auf das jeweilige Unternehmen ausgerichtet. Es setzt sich aus den Elementen Erfassung und Auswertung der Arbeitnehmerstruktur, individuelle Beratung der Arbeitnehmer vor Ort, Informationsveranstaltungen, Organisation von betrieblicher Weiterbildung und kostenlosem Vermittlungsservice zusammen.

Insbesondere hat sich ein Element, nämlich die Beratung und die Qualifizierung vor Ort, als sehr positiv für Ältere herausgestellt. Vereinzelung durch Arbeitslosigkeit konnte vermieden werden, und die Betroffenen konnten in „ihrem Betrieb" und in ihrem langjährigen Kollegenkreis die Situation bewältigen, sich Neues aneignen und eigene neue Perspektiven entwickeln.

Ein dritter, ganz anderer Ansatz ist ein generationsübergreifender Ansatz, der als *Alternsmanagement* bezeichnet wird. Dieser Ansatz wird derzeit auch im Rahmen eines vom BIBB geförderten Modellversuchs entwickelt. Ausgangspunkte sind hier die Erkenntnis, dass eine „gesunde" Altersmischung in der Belegschaft betrieblichen Entwicklungen förderlich ist, Ältere ein erst zu erschließendes Potenzial bilden und ein in der Praxis anhaltend wirksames Umdenken einer Einbeziehung aller Hierarchieebenen bedarf. In diesem Modellversuch wird die Initiierung und Verstetigung solcher Umdenkungsprozesse mit der Methode der Großgruppenkonferenzen, mit Zukunftskonferenzen, in die Vertreter aller Hierarchieebenen einbezogen sind, angestrebt. Ein sehr interessanter Ansatz, denn er zielt nicht auf die Abschaffung von Vorurteilen, sondern bietet der Entfaltung kritischer Reflexion von Einstellungen und Empfindungen ebenso Raum wie der Kreativität bei der Entwicklung von Alternativen.

Resümee

Aus diesen positiven Beispielen werden einige Punkte deutlich, die für eine erfolgreiche berufliche Weiterbildung Älterer und insbesondere älterer Arbeitsloser Beachtung finden müssen. Zu ihnen gehören: Zentrierung auf die Teilnehmer und Teilnehmerinnen, Aufrechterhaltung resp. Wiederherstellung von Kontakten zur Arbeitswelt, gezielte Thematisierung des Alters, frauenadäquate Konzepte, Kontinuität von Berufsbiographie und Weiterbildung, Verbindung der Weiterbildung zur Arbeitswelt.

- *Zentrierung auf die Teilnehmer und Teilnehmerinnen*
  Ansatzpunkt ist jeweils die konkrete Person mit ihren Schwächen und Stärken, ihren Wünschen und Vorstellungen. Weiterbildung muss durchgängig dem Prinzip der Individualisierung folgen. Auf diese Weise wird eine Kontinuität zwischen Arbeitslosigkeit, Maßnahme und Wiederbeschäftigung hergestellt, die zugleich den Teilnehmern die Möglichkeit eröffnet, eigene Kontinuität herzustellen. Das ist deshalb besonders wichtig, weil ältere Beschäftigte Weiterbildungsanforderungen häufig als ein negatives Urteil über ihre Leistungen erleben und Arbeitslosigkeit für Ältere meist einen tiefen Einschnitt im Leben bedeutet. Ein anderer relevanter Punkt ist die
- *Aufrechterhaltung resp. Wiederherstellung von Kontakten zur Arbeitswelt*
  Dieser Punkt ist für Teilnehmer und für Betriebe gleichermaßen wichtig. Auf beiden Seiten können so Vorurteile ab- und Wertschätzungen aufgebaut werden. Wird Weiterbildung Älterer betrieblich installiert, verändert sich das betriebliche Wertesystem zugunsten Älterer. In der Arbeitslosigkeit entwickeln gerade Ältere Zweifel daran, ob sie den Anforderungen eines neuen Arbeitsplatzes gewachsen sein werden. Vorurteile über das eigene Alter runden häufig ein negatives Selbstbild ab. Auf Seiten vieler Betriebe finden solche Zweifel und altersbezogenen negativen Einschätzungen ein Pendant. In den positiven Beispielen ist jedoch deutlich geworden, dass entsprechend gestaltete und begleitete Kontakte zu einem Abbau von Vorurteilen auf beiden Seiten führen und die Wiederbeschäftigung Älterer fördern. Und schließlich zeigt sich, dass die
- *gezielte Thematisierung des Alters*
  ein weiterer wichtiger Punkt in der beruflichen Weiterbildung Älterer ist. Negative Selbsteinschätzungen können überwunden und auf diese Weise die Entwicklung von Motivation und beruflichen Perspektiven gefördert werden.
  Dieser Punkt ist gerade auch im Hinblick auf Qualifizierungsmaßnahmen Älterer auf dem Gebiet der Informations- und Kommunikationstechnik von großer Bedeutung. *Erstens* sind Vorurteile gegenüber und gleichermaßen von Älteren hier besonders ausgeprägt. Häufig empfinden es Ältere gerade als *altersangemessen,* eine blockierende Distanz und Abwehrhaltung zu demonstrieren. Es scheint so, als zögen sie daraus, so paradox das auch klingen mag, einen Gewinn: Sie entsprechen einem allgemeinen Vorurteil und verankern sich so in ihrer Altersgruppe, sie erfahren Mitleid, volle Zuwendung und entlasten sich selbst von dem Druck, sich mit einer ihnen häufig unheimlichen Technik befassen zu müssen. *Zweitens* ist ein großes Manko auf Seiten der Dozenten zu verzeichnen, altersadäquate Annäherungen an „den Computer“ zu befördern. Meist sind es junge Leute, für die der Umgang mit einem PC selbstverständlich ist und die die Distanz Älterer nur allzu häufig nicht entschlüsseln können und als Defizit werten. Al-

tersbezogene Qualifikationen sollten zu einem Standard der Qualitätssicherung in der beruflichen Weiterbildung werden.

Und schließlich sollten gerade auf diesem Gebiet

- *frauenadäquate Konzepte*
  entwickelt und gefördert werden und im Angebot Standardniveau erreichen. Gerade ältere Frauen finden noch zu selten Lernumwelten vor, die ihnen den Zugang zu den neuen Medien erleichtern. Um diese Situation zu verbessern, sollten vor allem auch in stärkerem Maße Dozentinnen gewonnen werden. Denn für den Lernerfolg älterer Weiterbildungsteilnehmerinnen ist es sehr wichtig, weibliche Identifikationsfiguren vorzufinden.

- *Kontinuität und Individualisierung*, zwei weitere wichtige Punkte, wurden bereits angesprochen.

Die Forderung nach qualifikationssichernden Arbeitsbedingungen, nach der Schaffung lernförderlicher Bedingungen am Arbeitsplatz und die darauf ausgerichteten Ansätze wird heute in zunehmendem Maße auch mit der Perspektive auf alternde Belegschaften differenziert und weiterentwickelt. Ganzheitlichen Ansätzen und Modellen wird gegenüber der partiellen Betrachtung und Ausrichtung von Weiterbildung und Personalentwicklungskonzepten auf unterschiedliche Altersgruppen der Vorzug als zukunftsweisende Strategie gegeben.[33] So haben im „Human Resource Management" die demographische Entwicklung und die sich daraus für Betriebe ergebenden Anforderungen an die Aktivierung der Potenziale gerade Älterer einen festen Platz.[34] An die Stelle der Hauptstrategie „Frühverrentung", die individuelle und betriebliche Planungshorizonte auf das 60. Lebensjahr als Höchstgrenze fixiert, muss eine vorausschauende Personalentwicklung treten, die einen Perspektivwechsel auf die Älteren von morgen, die heute 40- bis 50-Jährigen also, vornimmt.[35]

Altersbezogene betriebliche Strategien und gesellschaftspolitische Konzepte sollten vorzugsweise nicht allein auf Ältere ausgerichtet werden. Denn immer wieder zeigt sich, dass auf diese Weise – wenngleich nicht intendiert – Diskriminierungs- und Ausschlusswirkungen entstehen. Wir benötigen nicht Konzepte, die auf kurzfristige Reparaturen eines Gegenwartsproblems ausgerichtet sind, sondern langfristig wirksame und nachhaltige neue Strategien, die Alter zu einem produktiven Faktor gesellschaftlicher und betrieblicher Entwicklung werden lassen. Solche Strategien bezie-

33 DOSTAL, W.: Eine Arbeitswelt für alle Altersgruppen. In: Personalwirtschaft 9/1996, S. 38–42; BARKHOLDT, Corinna, FRERICHS, Frerich und NAEGELE, Gerhard: Altersübergreifende Qualifizierung – eine Strategie zur betrieblichen Integration älterer Arbeitnehmer. In: MittAB 3/1995, S. 425–436.

34 Vgl. dazu KNAUTH, Peter und WOLLERT, Artur (Hrsg.): Human Resource Management. Neue Formen betrieblicher Arbeitsorganisation und Mitarbeiterführung: Strategien, Konzepte, Praxisbeispiele. Deutscher Wirtschaftsdienst (Hrsg.): Köln 1996.

35 Vgl. hierzu: BÄCKER, Gerhard: Zukunft mit alternden Belegschaften. In: forum demokratie und politik 1995/7, S. 50 f.

hen Jüngere mit ein und fördern intergenerative Beziehungen, anstatt Ältere und Jüngere voneinander zu isolieren. Dabei werden, je nach Zielgruppe, differenzierte Konzepte notwendig sein, denn die morgen Älteren unterscheiden sich von ihren Bildungs- und Berufserfahrungen, von ihren Biographien, Lebenserfahrungen und – möglicherweise auch von ihren Bildern des Alterns – von den heute Älteren. Und auch das muss einen Niederschlag in differenzierten Konzepten finden.

Schluss

Zusammenfassend ist also festzustellen:

- Mit zunehmendem Alter steigen Arbeitsmarktrisiken. Ältere – und dies sind bereits schon über 40-Jährige, gelten inzwischen als Problemgruppen des Arbeitsmarkts. Ab 40-Jährige haben große Probleme, aus der Arbeitslosigkeit heraus wieder in Beschäftigung zu kommen – auch wenn sie Maßnahmen zur beruflichen Weiterbildung erfolgreich absolviert haben. Ab 50-Jährige haben bereits Probleme, in solche Maßnahmen zu kommen und auf diese Weise eine „Eintrittskarte“ in den Arbeitsmarkt zu erwerben.
- Andere Sichtweisen des Alters, die auch in Bezug auf den demographischen Wandel angemessen und zukunftsbezogen sind, bedürfen weiterer Verbreitung. Und sie müssen dringend in Konzeptionen zur beruflichen Weiterbildung älterer Beschäftigter und Arbeitsloser einen deutlichen und anhaltenden Niederschlag finden.
- Altern im Beruf, Ältere als Potenzial betrieblicher Entwicklung, alternde Belegschaften, alterndes Erwerbspersonenpotenzial und nicht zuletzt ältere Arbeitslose werden allein schon durch die demographische Entwicklung weiter an Aktualität gewinnen. Das bezieht sich zum einen auf die heute Älteren, das bezieht sich in zukunftsbezogener Sicht aber auch auf die bald Älteren, die heute Jüngeren. Life long learning, lebenslanges Lernen ist notwendig, von festen Altersbegrenzungen ist dabei abzusehen. Denn: erfolgreiche Strategien beruflicher Qualifizierung zur Prävention altersbezogener Probleme müssen letztlich ansetzen, bevor die Probleme entstehen, nämlich bei den Jüngeren.

Zum Ende soll, wie zu Beginn, Ephraim Kishon zu Wort kommen. Sein in der Eingangssequenz zitierter Versuch, sein Älterwerden abzulehnen, kommt schließlich zu einem ganz anderen Punkt:

> *„Ehrlich gesagt: Ich bin verzweifelt. Das letzte Mal erlebte ich eine solche Verzweiflung, als ich neunzehn wurde und wusste: Jetzt werde ich alt.“*

GUNDULA BRAMMER, CORNELIA SEITZ, JUTTA RUMP

Jung und Alt in Unternehmen – Generationsübergreifender Wissens- und Erfahrungsaustausch

Erfolgsfaktor Erfahrung – Sind Ältere noch wichtig?

Grundlage dieses Beitrags sind die Erfahrungen und bisherigen Ergebnisse des noch bis Januar 2001 laufenden Modellversuchs „Der Prozess des Älterwerdens in Unternehmen – Gestaltung altersheterogener Lern- und Arbeitsstrukturen". Ziel dieses Modellversuchs ist es, gemeinsam mit Unternehmen Mittel und Wege zu finden, die Stärken und Potenziale Älterer gewinnbringend mit denen der Jüngeren zu verknüpfen. Besondere Bedeutung kommt dabei dem Wissens- und Erfahrungsaustausch zwischen Jung und Alt zu, da Wissen zunehmend eine wichtige Ressource von Unternehmen für den Erwerb und Erhalt von Wettbewerbsvorteilen wird. Die demographische Entwicklung soll als betriebliches Problem erkannt und als Einflussgröße in die Unternehmensziele integriert werden.

Die bisherigen Ergebnisse dieses Modellversuchs zeigen, dass das Interesse der Unternehmen nach wie vor gering ist, sich mit den prognostizierten Auswirkungen des demographischen Wandels zu befassen. Vorrangig ist die Suche nach Strategien und Lösungen für brisantere Entwicklungen, wie technologischer Wandel, neue Informations- und Kommunikationssysteme, Veränderung der Führungsstile, Globalisierung der Märkte oder Flexibilisierung der Arbeitszeiten.

Den Modellversuch begleiten daher folgende Erkenntnisse und Schlussfolgerungen:

- Das Erfahrungswissen wird eine geringe Rolle für den zukünftigen Arbeitsprozess spielen. Was zählt, ist vor allem das aktuelle Fachwissen in Verbindung mit kreativen Problemlösungsstrategien.
- Erfahrung als personalpolitischer Erfolgsfaktor gilt nur für ausgewählte Qualifikationsfelder oder für höhere Positionen. Personalentwicklungsmaßnahmen, bei denen Ältere aus ihrer Linienfunktion teilweise aussteigen und als Seniorberater, Coach oder in so genannten Kompetenz-Tandems mitwirken, werden vorwiegend für langjährige Führungskräfte oder für Mitarbeiter mit besonderen Fachkenntnissen eingesetzt. Bei geringer qualifizierten Tätigkeiten spielen Erfahrung und Prozesswissen kaum eine Rolle mehr. In den Arbeitsfeldern, in denen Erfahrungswissen notwendig sein wird, können durch neue Formen der Übergangsregelung und durch Lernfelder im Unternehmen Ältere ihr Wissen weitergeben.

- Für ausgewählte Bereiche ist es sinnvoll, intergenerative Lernfelder in Unternehmen einzuführen. Diese müssen, um erfolgreich zu sein, Lösungen für die anstehenden Entwicklungen anbieten. Insbesondere sollten sie mit Themenfeldern zu neuen Führungsstilen, Teamarbeit, Wissensmanagement, lebenslangem Lernen und Flexibilisierung der Arbeitszeiten verknüpft werden. Es ist wenig aussichtsreich, einzelne Maßnahmen in Unternehmen anzubieten, die nicht mit Führungsstil, Unternehmenskultur, Personalentwicklung oder Arbeitsorganisation verbunden sind.
- Die Gestaltung altersheterogener Arbeits- und Lernstrukturen muss daher ein ganzheitliches, integratives Unternehmenskonzept beinhalten. Veränderungsprozesse sollten so angelegt werden, dass sie die Unternehmenskultur und -philosophie sowie das gesamte Geflecht von Führung, Personalmanagement und Organisation einbeziehen.
- Die Entwicklung einer wertschätzenden Unternehmenskultur spielt für die Mitarbeiter eine wichtige Rolle. Diese muss auf der Ebene des normativen Managements angesiedelt und in die Unternehmensphilosophie integriert werden. Neue Formen des Umgangs zwischen Alt und Jung müssen gemäß den veränderten Aufgaben und Rollen der Generationen für Unternehmen entwickelt werden.
- Wenn es gelingt, anstehende Veränderungen zum Erhalt der Wettbewerbsfähigkeit von Unternehmen mit Konzepten der Lernenden Organisation oder durch eine Neubewertung der Leistungspotenziale, Prozessanalysen, Wissensmanagement sowie neue Formen der Zusammenarbeit erfolgreich durchzuführen, wird die Fragestellung des Wissensaustauschs von Jung und Alt nicht mehr explizit von Interesse sein. Wechselseitiges Lernen wird dann unabhängig vom Alter im betrieblichen Alltag stattfinden.
- Von besonderem Interesse für die Unternehmen sind derzeit bei der Ausgestaltung des Prozesses des Älterwerdens der Trend zur Flexibilisierung und die Veränderung der Lebensarbeitszeit. Kreative Arbeitszeitmodelle können jedoch nur im Austausch mit Unternehmen und den relevanten gesellschaftlichen Institutionen wie Verbänden, Gewerkschaften und Regierung erarbeitet werden.

Nutzen von Wissensvernetzung

Zukünftig müssen Unternehmen in der Lage sein, schnell „eigenes“ Wissen zu generieren und in neue Produkte und Dienstleistungen umzusetzen, um den vielfältigen Herausforderungen begegnen zu können, die der Übergang in eine Wissens- und Dienstleistungsgesellschaft stellen wird. Wettbewerbsfähige Unternehmen müssen über eine zügige Wissensverarbeitung und -vernetzung verfügen, um komplexe Aufgabenstellungen lösen zu können. Dabei soll technisches Wissen mit dem betriebsspezifischen Wissen der Mitarbeiter verknüpft werden, um ohne große Umwege und Zeitverluste Problemlösungen entwickeln zu können. Interessant für die Unternehmen ist das so genannte implizite Wissen, das Wissen in den Köpfen der Mitarbeiter, welches nicht dokumentiert und schwer zu fassen ist. Implizites Wissen umfasst fachspezifische Kenntnisse und insbesondere Kenntnisse über Lösungsstrategien, persönliche und soziale Kompetenzen sowie in langjähriger Berufspraxis erworbene Handlungssouveränität.

Nicht nur die Entwicklung neuen Wissens, sondern auch der Erhalt der aktuellen Kenntnisse ist für das erfolgreiche Bestehen von Unternehmen wichtig. Zu den Fragen, die sich mit Methoden der Wissenserzeugung und der Wissensbewahrung auseinandersetzen, gehört auch, welche Bedeutung dem Erfahrungswissen älterer Mitarbeiter zukommt. Früher spielten Ältere bei der Wissensweitergabe eine zentrale Rolle. Es war deutlich geregelt, dass die Jungen von den Alten zu lernen haben und nicht umgekehrt. Kultur und Wissen wurden tradiert, indem sich die Jüngeren die Erfahrungen und Kenntnisse der Älteren zu eigen machten. Gegenwärtig findet eine Umkehrung dieses Verhältnisses statt. Heute ist das Wissen der Jüngeren, speziell im wirtschaftlichen Bereich, wichtiger als das der Älteren geworden. Was zählt, ist das aktuelle Fachwissen in Verbindung mit kreativen Problemlösungsstrategien. In Unternehmen stellt sich die Frage, wer wann von wem zu lernen hat.

Das Besondere an dem Wissen der Älteren war bisher ihre Erfahrung. Lebensalterspezifische Fähigkeiten kann man nicht erlernen, sondern sie entwickeln sich erst im Laufe eines Lebens. An Menschen gebundene Erfahrung und biographisch gewachsenes Wissen werden in der von Geschwindigkeit bestimmten Entwicklung in Unternehmen und in der Gesellschaft schneller entwertet und verlieren an Bedeutung. Erfahrungswissen unterliegt dem rapiden Veränderungsdruck. Immer wichtiger wird der kompetente und souveräne Umgang mit den Medien. Die Beherrschung der neuen Technologien wird zu einer selbstverständlichen Alltagskompetenz. Diese kann den Jungen nicht von den Alten vermittelt werden, da sie von dem technischen Wandel größtenteils überrollt werden. Die Lehr- und Lernverhältnisse haben sich verändert, zum Teil sind sie umgekehrt.

In vielen Unternehmen ist eine Komplementarität des Wissens älterer und jüngerer Mitarbeiter zu beobachten. Es existieren Teilmengen, aber keine Schnittmengen. Wissenssynergien, die durch einen Dialog zwischen Jung und Alt ausgelöst werden, bleiben aus. Ein fehlender gegenseitiger Wissensaustausch zwischen Jung und Alt stellt ein Innovationshemmnis und eine Einschränkung der betrieblichen Wettbewerbsfähigkeit dar. Innovationen werden durch leistungsfähige und motivierte Mitarbeiter sowie durch die Bündelung unterschiedlichster Wissensbestandteile hervorgebracht. Dies ergibt sich durch die Verknüpfung der Kenntnisse und der Erfahrung Älterer mit dem aktuellen Fachwissen und den innovationsbereiten Bestrebungen jüngerer Mitarbeiter, so dass ein gegenseitiger Lernprozess erfolgen kann.

Gleichzeitig verschiebt sich die demographische Zusammensetzung der Belegschaft. Die Entwicklung, dass es immer mehr Ältere als Jüngere geben wird, wird auch vor den Toren der Unternehmen nicht Halt machen. Der Anteil älterer Arbeitnehmer wird in den kommenden Jahren ansteigen, während der Anteil an Nachwuchskräften abnimmt. Nach wie vor ist die Personalpolitik in Unternehmen auf die jüngeren Mitarbeiter ausgerichtet, und die demographische Entwicklung wird nicht berücksichtigt. Die Kosten und eventuellen Verluste durch Potenzialverschwendung infolge von Demotivierung und Wissensverlust durch Freisetzung Älterer treten erst langsam in den Blickwinkel des Interesses. Es gilt daher, den Dialog der Generationen zu verbessern und altersheterogene Lern- und Arbeitsstrukturen zu fördern. Um die Potenziale aller Mitarbeiter nutzen zu können, ist eine ganzheitliche Sicht von Unternehmen förderlich, die alle Dimensionen des Managements einbezieht.

Das ganzheitliche, integrative Unternehmenskonzept zur altersheterogenen Gestaltung von Lern- und Arbeitsstrukturen

Altersgruppenspezifische Maßnahmen sind zu einseitig, nutzen die vorhandenen Kompetenzpotenziale nicht aus und können darüber hinaus als diskriminierende Aktionen missverstanden werden. Bei einem ganzheitlichen, integrativen Unternehmenskonzept werden die betrieblichen Notwendigkeiten und die unterschiedlichen Ziele, Bedürfnisse und Interessen von älteren und jüngeren Beschäftigten miteinander verbunden. Eine ganzheitliche Sicht von Unternehmen fügt Werte, Strategien und Handlungen zusammen.[1]

Das St. Galler Management-Konzept ist unser Orientierungsrahmen zur Gestaltung altersheterogener Lern- und Arbeitsstrukturen. Es gibt Anregungen zum Aufbau einer intergenerativen Unternehmens- und Personalpolitik und zeigt konkrete Handlungsfelder. Daneben eignet sich das St. Galler Management-Konzept zur Diagnose und zur Prognose.

Der Systemansatz dieses Konzepts unterscheidet drei Dimensionen des Managements: eine normative, eine strategische und eine operative Dimension.

- **Das normative Management** definiert die generellen Ziele des Unternehmens und wirkt konstitutiv für alle seine Handlungen. Die Unternehmenspolitik, welche von der Unternehmensverfassung und der Unternehmenskultur getragen wird, konkretisiert sich in der Vorgabe einer Mission für die Unternehmensentwicklung.

1 Vgl.: BLEICHER, Knut (1996). Das Konzept Integriertes Management. 4., rev. und erw. Aufl. Frankfurt/Main; New York: Campus Verlag.

- **Das strategische Management** ist für die Entwicklung von Erfolgspotenzialen zuständig. Aus den Normen der Unternehmenspolitik und den vorgegebenen Missionen werden Perspektiven abgeleitet, welche über spezifische Ziele und Maßnahmen konkretisiert werden. Die strategischen Programme werden durch eine ihnen entsprechende Gestaltung von Organisationsstrukturen und Managementsystemen und durch die Entwicklung des Problemlösungsverhaltens der Mitarbeiter unterstützt.
- **Im operativen Management** geht es um den Vollzug der normativen und strategischen Vorgaben. Dieser ist auf die leistungs-, finanz- und informationswirtschaftlichen Prozesse ausgerichtet. Bedeutung erhält hier auch die Effektivität des Mitarbeiterverhaltens im sozialen Zusammenhang, also die Kooperations- und Kommunikationsfähigkeit der Mitarbeiter.

Integriert werden die einzelnen Dimensionen des Managements in der Unternehmensphilosophie. Viele Unternehmen, die in der Vernetzung von Wissen und dem Wissensaustausch zwischen älteren und jüngeren Beschäftigten einen Nutzen sehen, binden dieses Thema bereits in die Unternehmensphilosophie und -kultur ein. Um es nach innen und außen für alle sichtbar zu machen, sollte es zudem in der Unternehmensverfassung, z. B. in Form von Leitbildern, dokumentiert werden. Diese Verankerung auf der Werte-Ebene ist besonders wichtig, da die Unternehmenskultur den normativen Rahmen für das Handeln im Unternehmen setzt und die Unternehmenspolitik die Leitlinie für die betrieblichen Entscheidungen ist. Einen weiteren, für betriebliche Entscheidungen und Handlungen jedoch verbindlicheren Rahmen bilden die Organisation und Führung (Unternehmens- und Personalführung, Personalkooperation) als strategische Ebenen. Organisation und Führung konkretisieren die Unternehmenswerte. Gleichzeitig bestimmen sie die Ausgestaltung von Arbeitsplätzen, das Informations- und Kommunikationsverhalten und die Kooperationsbeziehungen.

Abbildung 1: Eine Unternehmenskonzeption zum effektiven Einsatz intergenerativer Humanressourcen

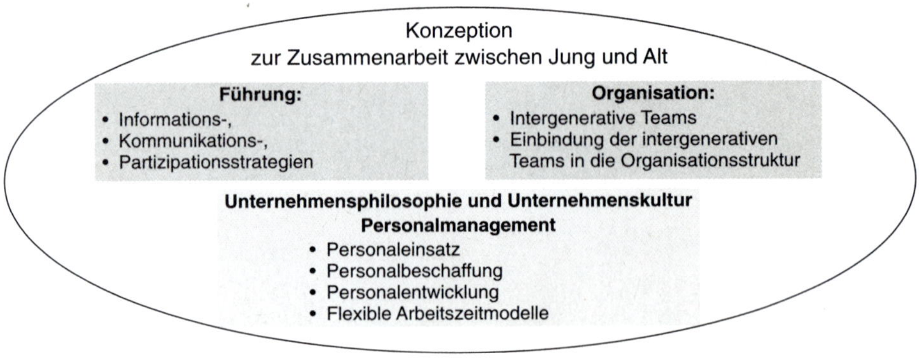

Personalentwicklung im Sinne einer intergenerativen Unternehmenspolitik

Ziel einer intergenerativen Unternehmenspolitik, die u. a. in der Personalentwicklung umgesetzt wird, ist die Vernetzung des Erfahrungswissens mit dem aktuellen Fachwissen. Im Sinne einer intergenerativen Unternehmenspolitik orientiert sich Personalentwicklung an dem betrieblichen Zielsystem sowie an unternehmensspezifischen Rahmenbedingungen wie offenen Führungskonzepten und teamorientierten Strukturen. Die Förderung organisationalen Lernens, die Delegation der Personalentwicklungsverantwortung auf die Mitarbeiter und direkten Vorgesetzten, gelenktes Erfahrungs- und Beobachtungslernen und die Interpretation des Arbeitsplatzes und der Arbeitsteams als Lernstätte sind nur einige Stichworte. Zentrale Aufgabe der Personalentwicklung ist es dann, bei möglichst allen Beschäftigten ein lebenslanges Lernen und eine lebenslange Bildung in fachlichen, methodischen und sozialen Kompetenzbereichen zu gewährleisten.

Personalentwicklung als Determinante eines ganzheitlichen, integrativen Konzepts zur Gestaltung altersheterogener Arbeits- und Lernstrukturen umfasst Aktionsfelder und Methoden sowohl der strukturellen als auch der interaktionellen Personalentwicklung. Zur strukturellen Personalentwicklung zählen sämtliche Aktionsfelder, die über die Gestaltung der Arbeitssituation Einfluss auf die Entwicklungspotenziale und die Lernmotivation aller Beschäftigten nehmen. Dazu gehören die Unternehmensphilosophie und -kultur, Führung und Organisation. Strukturelle Personalentwicklung bezieht sich somit auf die normative und strategische Dimension des ganzheitlichen, integrativen Modells zur intergenerativen Unternehmenspolitik. Direkte, interaktionelle Entwicklungskonzepte und -aktivitäten berücksichtigen die individuellen Aspekte des Beschäftigten und ermöglichen eine situationsgerechte Umsetzung der strukturellen Ansätze. Die direkte, interaktionelle Förderung unternehmensrelevanter Qualifikationen umfasst die traditionellen Instrumente der Aus- und Weiterbildung, wie Training on-the-job und off-the-job, Coaching und Mentoring. Maßnahmen der interaktionellen Personalentwicklung lassen sich den operativen Handlungsfeldern der intergenerativen Unternehmenspolitik zuordnen.[2]

2 Vgl.: WUNDERER, Rolf (1997): Führung und Zusammenarbeit. 2., vollst. überarb. und erw. Aufl. Stuttgart: Schäffer-Poeschel, S. 330, 345.

Abbildung 2: Personalentwicklung im Rahmen eines ganzheitlichen, integrativen Konzepts zur intergenerativen Personalpolitik

Personalentwicklung (PE)

Strukturelle PE

- PE durch Unternehmenskultur und -philosophie
- PE durch Führung
- PE durch Organisation

Interaktionelle/traditionelle PE

- Training on-the-job
- Training off-the-job
- Coaching
- Mentoring
- Reflexionsmaßnahmen

Die Forderung nach Zusammenarbeit und Wissensaustausch zwischen älteren und jüngeren Mitarbeitern muss sich schon in der Unternehmenskultur und Unternehmensphilosophie widerspiegeln. Die Unternehmenskultur und -philosophie müssen gegenüber den Mitarbeitern, ihren Erfahrungen und ihrem Wissen wertschätzend sein. Voraussetzung für eine solche Wertschätzung ist ein konsens- und dialogorientiertes Kommunikations- und Entscheidungsverhalten der Führungskräfte.

Personalführung und Personalentwicklung sind untrennbar miteinander verbunden. Einerseits beeinflussen offene Führungskonzepte, die die Gestaltung altersheterogener Arbeits- und Lernstrukturen unterstützen, die Inhalte der Personalentwicklung. Während bei Mitarbeitern Schlüsselqualifikationen wie Teamfähigkeit, Kooperationsfähigkeit und Selbstständigkeit im Vordergrund stehen, liegt bei Führungskräften der Schwerpunkt auf der Förderung von Koordinations-, Kommunikations-, Delegations- und Motivierungsfähigkeit. Andererseits betonen offene Führungskonzepte eine Selbstentwicklungsphilosophie und -strategie.

Zentrale Determinanten einer Organisation, die Altersheterogenität fördert und als Personalentwicklungsinstrument intergenerativen Wissensaustausch unterstützt, sind der Handlungsspielraum, die Ganzheitlichkeit, die Anforderungsvielfalt, variierende Aufgabeninhalte sowie Möglichkeiten der Kommunikation, Kooperation und sozialen Interaktion.[3] Diese Determinanten spiegeln sich mehr oder weniger in dezentralen Organisationsstrukturen wider. Sie werden in ihrer Gesamtheit vor allem in intergenerativen Teamstrukturen berücksichtigt.

In altersheterogenen Team- und Projektstrukturen können Ältere ein Forum erhalten, in dem sie bisher erfolgreiche Strategien und fehlgeschlagene Vorgehensweisen zur Diskussion stellen können, um Wiederholungsfehler zu vermeiden. Die Ver-

3 Vgl.: WUNDERER (1997), a. a. O., S. 344.

knüpfung des aktuellen Fachwissens Jüngerer mit dem Erfahrungswissen Älterer führt zu einem gegenseitigen Lerntransfer. Innerhalb dieser Lernprozesse durch Kommunikation kann implizites Wissen transparent gemacht und weitergegeben werden.

Aufgrund der altersbedingten Vielfalt von fachlichem, methodischen und sozialem Know-how sind intergenerative Teams sowohl Lernort als auch Lerninstrument. Sie sind somit sowohl eine Maßnahme des Trainings on-the-job als auch ein Arbeitsort mit arbeitsplatzbezogenen Qualifizierungsmöglichkeiten. Sie integrieren Arbeit und Lernen und unterstützen das permanente Lernen. Intergenerative Teams, die auf ihre Arbeitsumgebung einwirken und zugleich durch diese geprägt werden, stellen ein lernendes System dar. Neben den Vorteilen der arbeitsplatzorientierten Weiterbildung macht sich vor allem der Nutzen des Erfahrungs- und Wissensaustauschs sowie der Wissensvernetzung bemerkbar. Jung lernt von alt, alt lernt von jung.[4] Neben intergenerativen Teams sollten flankierende Personalentwicklungsmaßnahmen wie z. B. Berater oder Moderator, Expertenpools oder Tandems angewendet werden.[5] Abhängig von der jeweiligen Aufgabenstellung können diese ebenfalls für jüngere Mitarbeiter eingesetzt werden.

Das Verstehen der Unternehmenskultur

Voraussetzung zur Initiierung eines Wandels im Umgang mit dem Prozess des Älterwerdens ist das Verstehen der im Unternehmen gelebten Kultur. Ausprägungen und Symptome einer Unternehmenskultur sind die Denk- und Handlungsweisen der Mitarbeiter.[6] Es ist davon auszugehen, dass umfassende und aktuelle Erkenntnisse über Denk- und Handlungsmuster ein Instrument sind, die Unternehmenskultur sichtbar zu machen. Vor allem Informationen über Verhaltensweisen können dazu beitragen, dass die Beschäftigten, als betriebliche Akteure in Lern- und Arbeitsstrukturen, ihre Denk- und Handlungsmuster bewusster wahrnehmen und die gelebte Unternehmenskultur genauer reflektieren. Ziel dabei ist es, Veränderungspotenziale und Widerstände aufzuspüren und betriebsspezifische und personenadäquate Ansätze zur Gestaltung altersheterogener Lern- und Arbeitsstrukturen zu entwickeln.

Das Verstehen der Unternehmenskultur entzieht sich weitgehend dem rationalen Messen und Quantifizieren. Bei der Kultur als verhaltensprägenden Normen und Wertgefügen handelt es sich weitgehend um qualitative Elemente, die am ehesten deskriptiv darstellbar sind. Daher werden in unserem Modellversuch neben Erhebungen und Dokumentenanalysen vorwiegend nicht standardisierte Verfahren wie themen-

4 Vgl.: HEYER, Klaus/HENKEL, Hardo (1995): Älter werden im Betrieb: Risiko und Chance, Eschborn: RKW, S. 34 f., 37, 102 f., 110.

5 Vgl. SIEHLMANN, Günther (1992): Leitfaden zur Personalentwicklung älterer Arbeitnehmer, Manuskript, Frankfurt/Main: Bildungswerk der Hessischen Wirtschaft e.V.

6 Vgl. SCHEIN, Edgar H. (1995): Unternehmenskultur. Ein Handbuch für Führungskräfte. Frankfurt/Main, New York: Campus.

zentrierte Workshops, Diskussionen, interaktive Einzel- und Gruppeninterviews eingesetzt. Es werden Informationen von Führungskräften aller Hierarchieebenen und von Mitarbeitern gesammelt und ausgewertet. Orientierungsrahmen sind dabei die drei Dimensionen Werte, Strategien und Handlungsfelder. Im Zusammenhang mit der Gestaltung altersheterogener Lern- und Arbeitsstrukturen werden die Denk- und Handlungsmuster im Hinblick auf Dialogformen und -modelle untersucht, die Anknüpfungspunkte für die Entwicklung intergenerativer Unternehmens- und Personalpolitik sind. Ziel dieser spezifischen Analyse ist es, die im Unternehmen bereits vorhandenen Ansätze aufzudecken und weiterzuentwickeln:

- Welche Dialog-Modelle werden bereits praktiziert, auf denen altersheterogene Lern- und Arbeitsstrukturen aufbauen können?
- Welche expliziten Strategien und Aktivitäten werden zum Erhalt bzw. Transfer des Individualwissens eingesetzt?
- Welche Problempunkte/Konflikte in Bezug auf das Verhältnis zwischen jüngeren und älteren Mitarbeitern im Unternehmen gibt es, und wie wird damit umgegangen?
- Welche Probleme bezüglich des Prozesses des Älterwerdens sind bewusst?
- Über welche Problemlösungen und Verbesserungen hinsichtlich der Kommunikation und Kooperation denken die Betroffenen und Verantwortlichen nach?
- Welche Möglichkeiten eröffnen oder behindern die rechtlichen und tariflichen Rahmenbedingungen?

Das Konzept der Lernenden Organisation

Das Konzept der Lernenden Organisation nach Peter Senge[7] stellt neben dem St. Galler Management-Konzept unseren konzeptionellen Bezugsrahmen dar.

Nach Senge zeichnet sich eine Lernende Organisation durch fünf zentrale Lerndisziplinen aus:

- **Das Systemdenken** – die sogenannte fünfte Disziplin ist die wichtigste. Durch sie werden die anderen vier Disziplinen miteinander verbunden. Systemdenken verhindert, dass die einzelnen Disziplinen isoliert bleiben und nur eine geringe Wirkung erzielen. Senge geht davon aus, dass die Ursache für eine Vielzahl von Problemen in Organisationen in einer verkürzten Problemsicht liegen. Oft orientieren sich Unternehmen an kurzfristigen, gut sichtbaren Ergebnissen, ohne jedoch die zugrunde liegenden dynamischen Handlungsstrukturen zu analysieren. Mithilfe des Systemdenkens werden die Zusammenhänge dieser Handlungsstrukturen und

7 Vgl. SENGE, Peter M. (1998). Die fünfte Disziplin: Kunst und Praxis der lernenden Organisation, 6. Aufl. Stuttgart: Klett-Cotta, sowie SENGE, Peter M. u. a. (1997): Das Fieldbook zur Fünften Disziplin, 2. Aufl. Stuttgart: Klett-Cotta.

die damit verbundenen, immer wiederkehrenden Problemmuster und deren Wirkung aufgedeckt und verändert.

- **Personal mastery** – individuelle Meisterschaft – bedeutet, dass jeder Einzelne lernt, sein persönliches Können ständig auszuweiten. Personal mastery beinhaltet das Streben nach beständigem Lernen und persönlicher Weiterentwicklung, das durch eine persönliche Vision genährt wird.
- **Mentale Modelle** sind Denkmodelle, Annahmen, Verallgemeinerungen und Bilder, die unsere Handlungen und Entscheidungen und die Art und Weise, wie wir die Welt sehen, beeinflussen. Gemeinsam mit anderen werden diese kritisch hinterfragt, und wird ihre Bedeutung für das Unternehmen reflektiert. Es geht um eine Veränderung der mentalen Modelle des Managements und der Mitarbeiter/-innen in Bezug auf das Unternehmen, die Märkte und seine Wettbewerber.
- **Gemeinsame Vision** ist die Fähigkeit, eine gemeinsame, von allen Organisationsmitgliedern getragene Vision aufzubauen. Wesen und Inhalt dieser gemeinsamen Vision ist eine Unternehmensphilosophie und ein Gefühl von gemeinsamer Bestimmung, die die Mitarbeiter/-innen eines Unternehmens verbindet.
- **Team-Lernen** beschreibt die Fähigkeit eines Teams, die unterschiedlichen Standpunkte und Sichtweisen zu komplexen und kritischen Fragestellungen in einem gleichberechtigten Dialog zusammenzutragen und zu einer von „kollektiver Intelligenz" getragenen Entscheidung zu kommen.

Bei der Unternehmensanalyse werden die relevanten Schlüsselfaktoren gemeinsam mit den Beteiligten in intergenerativen Teams herausgearbeitet. Bei der Betrachtung der einzelnen Faktoren geht es um das Aufdecken und Analysieren der vier Ebenen[8]: Ereignisse, Verhaltensmuster, Systeme und mentale Modelle. Zuerst werden die relevanten Schlüsselfaktoren mit besonderen Ereignissen, die dem Unternehmen in letzter Zeit Schwierigkeiten bereiteten, verbunden und ihre Auswirkungen analysiert. Anschließend werden die Reaktionen und die Verhaltensmuster mit den jeweiligen mentalen Modellen systemisch mit den Ereignissen und Schlüsselfaktoren in Beziehung gesetzt. So entsteht ein umfassendes Bild über die Wechselwirkungen und Zusammenhänge der Ereignisse, der damit verbundenen Verhaltensmuster, der systemischen Struktur und der jeweiligen mentalen Modelle. Die Analyse der geschichtlichen Veränderungen sowie das systemische Zusammensetzen der Schlüsselfaktoren in Verbindung mit den Verhaltensmustern und mentalen Modellen ergibt ein deutliches Bild der gegenwärtigen Situation. Es erklärt, warum bestimmte Probleme und Schwierigkeiten immer wieder auftauchen. Ziel dieser Analyse ist es herauszufinden, wie Wirkungszusammenhänge sich gestalten und wo Interventionen anzusetzen sind.

8 Vgl. SENGE et al. (1997), a. a. O., S. 111 ff.

Der Modellversuch

Im Zentrum des Projekts steht das soziodemographische Changemanagement in Unternehmen. Ziel des Modellversuchs ist es, altersheterogene Lern- und Arbeitsstrukturen in Unternehmen zu implementieren. Die demographische Entwicklung soll als betriebliches Problem erkannt und als Einflussgröße in die Unternehmensziele integriert werden.

Das projektbezogene Vorgehen setzt gleichermaßen auf der individuellen, der interpersonellen und der organisationalen Ebene an, um Impulse für eine Neuorientierung der Organisationskultur und -struktur zu vermitteln. Hierzu werden kooperative Lernpartnerschaften mit drei Unternehmen und einer Verwaltung eingegangen. Die Einführung intergenerativer Lernfelder wird als Personal- und Organisationsentwicklungsprozess angelegt.

Bei der Gestaltung des Erfahrungsaustauschs und der Zusammenarbeit zwischen Jung und Alt ist es nicht ausreichend, auf die individuelle Lernbereitschaft der Mitarbeiter und Mitarbeiterinnen zu setzen, sondern es müssen verstärkt unternehmenskulturelle Aspekte mit aufgenommen werden. Daher wird zu Beginn eine Analyse der Unternehmenskultur in Bezug auf das Verhalten der Generationen untereinander durchgeführt.

Intergenerative Lernfelder in Unternehmen müssen, um erfolgreich zu sein, Lösungen für aktuelle Entwicklungen beinhalten. Vereinzelte operative Maßnahmen schaffen es nicht, das Wissen älterer und jüngerer Beschäftigter zu vernetzen. Intergenerative Lernprozesse werden mit den Kooperationsunternehmen so gestaltet, dass sie die Unternehmenskultur und -philosophie sowie das gesamte Geflecht von Führung, Personalmanagement und Organisation berühren. Projekte wie Tandems, Expertenpools oder Personalentwicklungsmaßnahmen, wie z. B. Ältere als Coach oder Berater, werden flankierend eingesetzt.

Neben der Analyse und Bearbeitung der strukturellen und organisatorischen Ebene werden neue Formen des Umgangs zwischen Jung und Alt gemäß den veränderten Aufgaben und Rollen der Generationen in Unternehmen entwickelt. Die Arbeit mit den mentalen Modellen, in Anlehnung an die fünf Disziplinen von Peter Senge, ist dabei von zentraler Bedeutung. Es geht darum, Einsichten in die mentalen Modelle in Bezug auf den Austausch und die Kommunikation zwischen Jung und Alt zu vermitteln, um parallel zu den organisatorischen und strukturellen Schritten persönliche Veränderungen einzuleiten.

Zur Unterstützung der Zielerreichung werden überbetriebliche Workshops und Großgruppenveranstaltungen wie die Zukunftskonferenz eingesetzt. Sie stellen einen motivierenden Kick-off zur kreativen und konstruktiven Einbeziehung der demographischen Entwicklung in die Gestaltung betrieblicher Lern- und Arbeitsformen dar.

Jedes der an dem Modellversuch beteiligten Unternehmen verbindet eine andere Fragestellung mit dem Projektthema „Wissensaustausch zwischen Jung und Alt“:

- Die Konzipierung und Umsetzung altersheterogener Personalentwicklungsstrategien.
- Wissensvernetzung innerhalb einer altersheterogenen Führungsstruktur mittels innovativer Führungskonzepte.
- Die Bearbeitung der Schnittstellendynamiken und der Entwicklung von Personalentwicklungsstrategien in der Phase des gleitenden Übergangs in den Ruhestand.
- Der Aufbau einer hierarchie- und abteilungsübergreifenden Wissensaustauschkultur.

Kooperative Lernpartnerschaften[9]*:*

Bei der Einführung intergenerativer Lernfelder und dem Aufbau altersheterogener Lern- und Arbeitsstrukturen werden alle Methoden und Bausteine der Interventionen, d. h. die Gesamtarchitektur der einzelnen Umsetzungsphasen mit den Unternehmen zusammen konzipiert, auf ihre Anwendbarkeit geprüft und modelliert. Alle Arbeitshypothesen und -schritte werden für die Beteiligten transparent, und gemeinsam wird festgelegt, ob die jeweilige Durchführung in den betrieblichen Händen oder beim Kooperationspartner erfolgt. Die konkrete Anwendung in der betrieblichen Praxis wird gemeinsam reflektiert, und es werden gegebenenfalls verbesserte Werkzeuge und Strategien erarbeitet.

Lernpartnerschaft mit Kooperationspartner A:

Gemeinsam mit diesem Anlagenbauer, der Teil eines großen Konzerns ist, suchen wir nach Möglichkeiten, das Wissen vor allem älterer Beschäftigter im Unternehmen zu halten, auch wenn diese Beschäftigten den Betrieb verlassen. Zudem wird über Ansätze zur Vernetzung des Wissens jüngerer und älterer Mitarbeiter nachgedacht. Da sich die Fragestellung über das gesamte Unternehmen erstreckt und alle Bereiche tangiert, wird nun daran gearbeitet, eine Wissensaustauschkultur als normatives Managementelement zu etablieren. Darauf aufbauend, sollen strategische Interventionen und operative Maßnahmen zum Einsatz kommen. Zur Begleitung und Unterstützung des Entwicklungsprozesses werden Leadership-Modelle und Unternehmensstrategien reflektiert.

9 Vgl. BRAMMER, Gudula/LAU-VILLINGER, Doris/SEITZ, Cornelia (2000): Statusbericht 1999 zum Modellversuch „Der Prozeß des Älterwerdens in Unternehmen. Gestaltung altersheterogener Lern- und Arbeitsstrukturen“, Manuskript, Frankfurt/Main: Bildungswerk der Hessischen Wirtschaft e. V., S. 32–46.

Abbildung 3: Kooperationspartner A

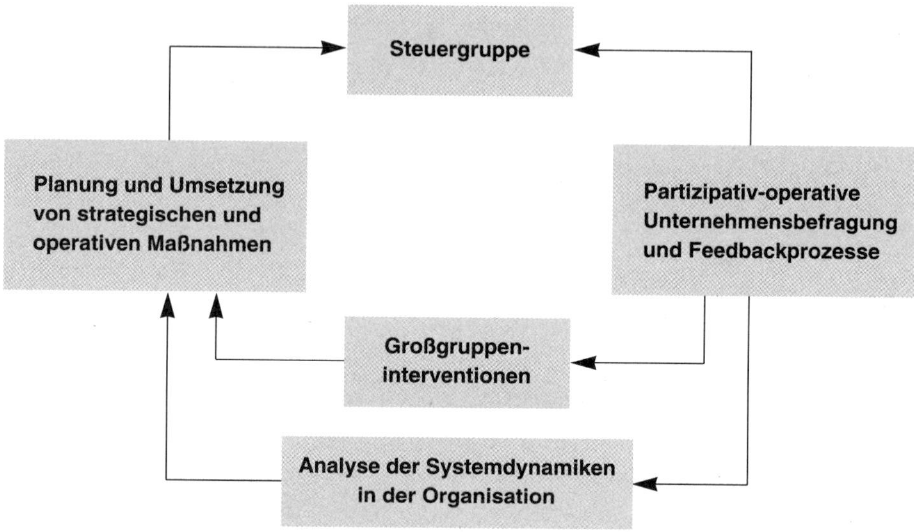

Während der Projektzeit kommt es zu einem drastischen Rückgang der Auftragslage. Vom Mutterkonzern wird daraufhin beschlossen, alle Projekte einzufrieren, die sich nicht direkt auf das Kernprojekt beziehen. Darüber hinaus wird entschieden, Personal abzubauen. Diese Entscheidung wird in erster Linie die älteren Mitarbeiter treffen. Die bisherigen Projektergebnisse zum Wissensmanagement werden im Unternehmen weiterverwendet.

Lernpartnerschaft mit Kooperationspartner B:

In dem gemeinsamen Projekt mit diesem Unternehmen aus der Stahlbranche liegt der zentrale Ansatzpunkt in der Gestaltung der Wissensvernetzung und zum Wissensaustausch im Bereich der Personalführung. Als Projektziele gelten die Schaffung einer dialogorientierten Kommunikationskultur auf der Führungsebene, die Gestaltung von Führungsstilen und die Vermittlung von Führungswissen.
In einem altersheterogenen Führungskräftekreis findet ein Erfahrungsaustausch zu unterschiedlichen Führungsstilen statt. Gemeinsam werden Ideen für ein neues Führungsverständnis und die Nutzung von Führungskompetenzen entwickelt. Aufgrund des erfolgreichen Projektverlaufs entstehen neue intergenerative Lernfelder zur Verbesserung der Kommunikation zwischen verschiedenen Abteilungen und Zuständigkeiten.

Abbildung 4: Kooperationspartner B

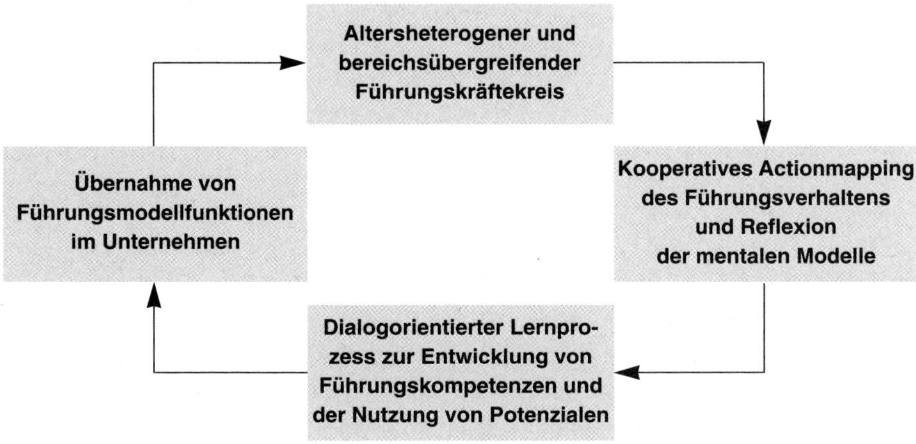

Lernpartnerschaft mit Kooperationspartner C:

Gemeinsam mit einer Verwaltung sind wir an dem Aufbau und der Umsetzung eines Personalentwicklungskonzepts interessiert, welches eine frühzeitige und individuelle Qualifizierung der Beschäftigten für die zukünftigen Arbeitsplatzanforderungen unter der Einbindung von Erfahrungswissen fördert. Dabei steht vor allem die rechtzeitige Nachfolgeplanung für frei werdende Führungspositionen im Vordergrund.

Abbildung 5: Kooperationspartner C

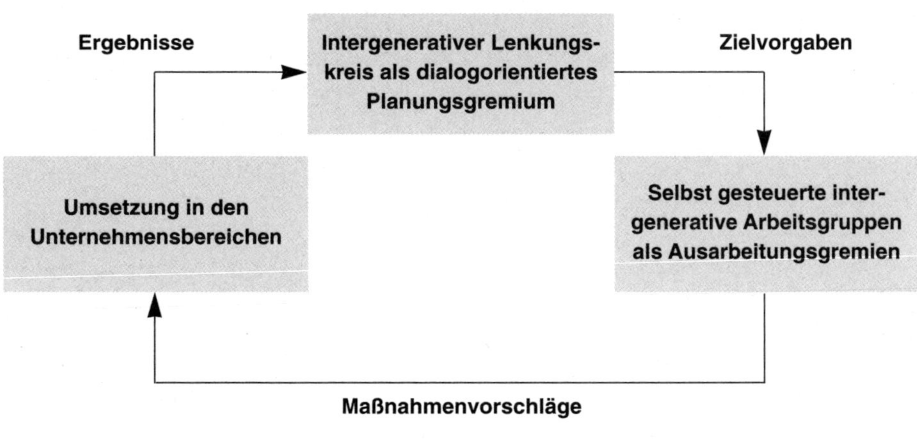

Bei der Umsetzung des Personalentwicklungskonzepts kommen Maßnahmen der strukturellen und der interaktionellen Personalentwicklung sowie intergenerative Lernfelder zum Einsatz. In Abstimmung zwischen Lenkungskreis und Arbeitsgruppen wird beschlossen, keine speziellen Maßnahmen für Ältere explizit aufzunehmen. Ein ganzheitliches Personalentwicklungskonzept beinhaltet das ständige Weiterlernen aller Beschäftigten, unabhängig vom Alter. Maßnahmen wie Coaching, Tandems oder Expertenpools sollen für alle Beschäftigten, abhängig von der Problemstellung, eingesetzt werden; dabei wird Altersheterogenität als strategisches Element angesehen.

Lernpartnerschaft mit Kooperationspartner D:

Bei einem mittelständischen Maschinenbauer beschäftigen wir uns in der ersten Projektphase mit der Verbesserung von Schnittstellendynamiken unter Berücksichtigung von betrieblichen und altersheterogenen Schlüsselfaktoren, am Beispiel der Konstruktions- und Montageabteilungen. In der zweiten Projektphase steht die kooperative Strategie- und Methodenentwicklung sowie Erprobung von Lernprojekten zwischen Alt und Jung in den Phasen des gleitenden Übergangs in den Ruhestand im Mittelpunkt.

Abbildung 6: Kooperationspartner D

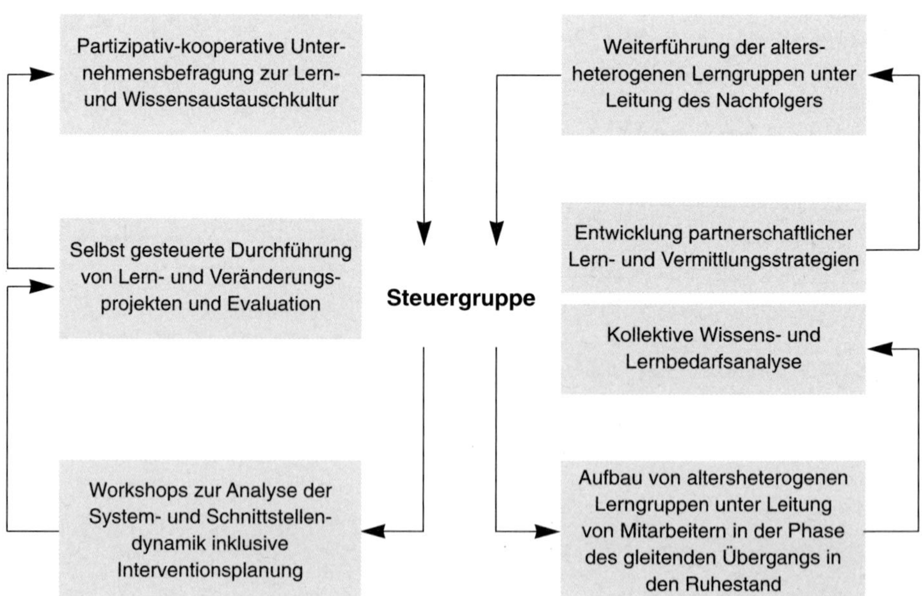

In der ersten Projektphase geht es um eine Verbesserung der Zusammenarbeit in intergenerativen Teams zwischen jungen Konstrukteuren und den älteren Montagemitarbeitern, die über ein spezielles Know-how verfügen. Während des Projektverlaufs wird das Unternehmen verkauft. In der anschließenden zweiten Phase werden Wissensaustauschprojekte für die Mitarbeiter, die in Vorruhestand gehen, entwickelt.

Überbetriebliche Vorgehensweise: Die Zukunftskonferenz – Austausch der Generationen[10]

Die Zukunftskonferenz wurde von Marvin Weisboard in den USA entwickelt und weltweit in Unternehmen und Kommunen erprobt. Diese Großgruppenmethode eignet sich besonders für komplexe Fragestellungen, an deren Lösung viele Menschen mitarbeiten müssen. In homogenen und heterogenen Interessensgruppen sowie im Plenum beschäftigen sich alle Mitwirkenden mit folgenden Fragen: Wo kommen wir her? Worauf sind wir stolz, was bedauern wir? Welche Entwicklungen kommen auf uns zu? Was wollen wir erreichen? Worin stimmen wir überein? Was werden wir tun?

Gemeinsam mit 54 Personen im Alter zwischen 20 und 70 unternehmen wir im Juni 1999 eine Zeitreise von der Vergangenheit in die Zukunft. Die Mitwirkenden kommen aus verschiedenen Branchen, Funktions- und Hierarchieebenen. Personalchefs, Auszubildende, Wissenschaftler, Banker, Verwaltungsfachkräfte, Produktionsleute, Betriebsräte, Berater – um einige zu nennen – beschäftigen sich drei Tage lang mit dem Wissensaustausch zwischen Jung und Alt.

54 Personen, die sich größtenteils nicht kennen, diskutieren miteinander, entwickeln Ideen und Visionen, setzen Prioritäten und planen die Umsetzung ihrer Visionen. Sie versuchen trotz aller Unterschiedlichkeit, einen Konsens darüber zu erzielen, wie intergeneratives Lernen und Arbeiten in Unternehmen gefördert bzw. verhindert werden kann. Im Verlauf der Konferenz werden von ca. 60 herausgearbeiteten Trends, die auf Unternehmen einwirken, acht von den Teilnehmern als besonders wichtig angesehen:

1. Die **Veränderung der Führungsstile:** Führungskräfte müssen zukünftig über ein hohes Maß an sozialer Kompetenz verfügen und Coachingfunktionen für ihre Mitarbeiter übernehmen. Kooperative und delegative Führungsstile fördern intergenerative Teams und bieten jedem Einzelnen mehr Freiräume und mehr Selbstverantwortung.

10 Vgl. LAU-VILLINGER, Doris/SEITZ, Cornelia/RISTER, Gabi (1999): Wissensaustausch zwischen Jung und Alt in Unternehmen. Dokumentation der Zukunftskonferenz vom 24.–26. Juni 1999 in Bad Nauheim, Manuskript, Frankfurt/Main: Bildungswerk der Hessischen Wirtschaft e. V., sowie LAU-VILLINGER, Doris (1999): Intergenerativer Dialog in Organisationen. In: Frankfurter Rundschau, 1.10.

2. **Wechsel von Technologien.** Der rasante Wandel der Technologien bedingt ein lebenslanges Lernen, dem sich Jung und Alt zu stellen haben. Mit Hilfe einer ganzheitlichen Personalentwicklung, die z. B. bestimmte Phasen des Lernens, Projekt- und Teamarbeit oder Jobsharing ermöglicht, können Unternehmen mit der fortschreitenden Modernisierung Schritt halten.
3. **Aufweichen der Grenzen durch Flexibilisierung des Übergangs.** Neue Lebensarbeitszeitmodelle werden entwickelt, da starre Regelungen nicht mehr ausreichen. Wann wer in den Ruhestand tritt, wird individualisiert. Gleichzeitig müssen seitens der Politik die Weichen für neue Finanzierungsmodelle zu einer selbstbestimmten Arbeitszeit und für deren Umsetzung gestellt werden.
4. **Teamarbeit zur Bewältigung von Komplexität** tritt immer mehr in den Vordergrund. Teamarbeit wird die gängige Form der Zusammenarbeit darstellen. Voraussetzung dafür sind bestimmte persönliche und soziale Qualifikationen, Projektmanagement und Teamentwicklung. Aber auch kooperative Führungsstile und eine wertschätzende Unternehmenskultur, die ein Miteinander fördert, gewinnen an Bedeutung.
5. **Verbindung von Lernen und Arbeiten.** Lernen und Arbeiten sind nicht mehr getrennt voneinander zu sehen. Ständiges „Ent- und Neulernen“ erfolgt während des Arbeitsprozesses. Wissensmanagement und Lernfelder müssen in den betrieblichen Alltag integriert werden. Personalentwicklung wird zur Führungsaufgabe.
6. **Arbeitsverdichtung, mehr Anforderungen.** Durch die zunehmende Arbeitsverdichtung steigen die Anforderungen an den Einzelnen. Mit Hilfe einer selbstständigeren Form der Arbeitsgestaltung, durch Prozessanalysen, Einsatz älterer Mitarbeiter und durch einen kontinuierlichen Verbesserungsprozess muss dem begegnet werden.
7. Die **demographische Verschiebung in den Unternehmen** bewirkt, dass die Belegschaft durchschnittlich älter werden wird. Gleichzeitig verschärft die hohe Jugendarbeitslosigkeit und die Frühverrentungspolitik den Trend, dass es kaum noch junge und alte Mitarbeiter geben wird. Leistungspotenziale müssen neu bewertet und altersgemischte Gruppen aufgebaut werden.
8. **Einsatz nach der Qualifikation** und nicht nach dem Peter-Prinzip. Der Personaleinsatz wird nach der entsprechenden Qualifikation erfolgen.

Am letzten Tag werden, abgeleitet von den Trends und den ausgearbeiteten Zielen, acht Umsetzungsprojekte entwickelt. Es entstehen bemerkenswerte Vorschläge zum Aufbau lernender und intelligenter Organisationen, zur Gestaltung des Übergangs in den Ruhestand, zum Expertenpool per Intranet, zur Flexibilisierung der Arbeitszeit, des Führungsverhaltens, zum Tandem-Lernen zwischen Jung und Alt in Betrieben und zur Gestaltung wertschätzender und kooperativer Unternehmenskulturen.

Mit Hilfe der Zukunftskonferenz ist es gelungen, unterschiedliche Sichtweisen, Impulse und Ideen zusammentragen, die eine ganze Reihe von Handlungsoptionen eröffnen. Als Grundaussage wird deutlich, dass Alt und Jung nicht als ein vorrangiges Problem für Unternehmen gesehen wird. Allen gemeinsam ist jedoch der Wunsch, das Älterwerden zu schätzen und neue Formen der Beschäftigung für Ältere in Unternehmen einzuführen.

Schlussbewertung:

Die Verbindung von intergenerativen Lernfeldern mit Fragestellungen, mit denen sich die Unternehmen bereits beschäftigen, erweist sich als tragfähig und erfolgreich. In diesen ausgewählten Bereichen ist es für Unternehmen interessant, altersheterogene Lern- und Arbeitsstrukturen aufzubauen. Grundsätzlich besteht jedoch eine zögerliche Haltung seitens der Unternehmen, sich mit Fragestellungen des demographischen Wandels zu befassen. Erst langsam fällt der Blick auf die Verschwendung von Arbeitskraft, die durch eine Demotivierung älterer Mitarbeiter entsteht. Angesichts der gesellschaftlichen, betrieblichen und individuellen Probleme, die aus den demographischen Veränderungen, aus dem Spannungsverhältnis zwischen Erwerbsarbeit und Ruhestand sowie dem Auflösen des Generationenvertrags entstehen, müssen Modelle und Verfahren zur Gestaltung altersheterogener Lern- und Arbeitsstrukturen für Betriebe und Politik entwickelt werden.

Veröffentlichung unserer Projektergebnisse:

Wir werden ab 2001 eine überbetriebliche Seminarreihe zum Know-how-Transfer zwischen Jung und Alt anbieten.
Im Frühjahr 2001 werden wir eine Großgruppenveranstaltung zum Abschluss unseres Modellversuches durchführen.
Für weitere Informationen besuchen Sie unsere Webseite.

Verfasserinnen:

Gudula Brammer, Dipl.-Pädagogin, wissenschaftliche Mitarbeiterin
Cornelia Seitz, M. A. Soziologin, wissenschaftliche Mitarbeiterin
Forschungsstelle des Bildungswerkes der Hessischen Wirtschaft e. V.,
Emil-von-Behring-Str. 4, 60439 Frankfurt am Main, Tel.: 069/9 58 08-2 71,
E-Mail: forschung@bwhw.de

Prof. Dr. Jutta Rump, Fachhochschule Ludwigshafen, Professorin des Fachbereiches 2, Internationales Personalmanagement und Organisation

Angaben zum Modellversuch:

Arbeitstitel: Der Prozess des Älterwerdens in Unternehmen. Die Gestaltung altersheterogener Lern- und Arbeitsstrukturen.
Förderkennzeichen: D 4017.00
Laufzeit des Modellversuchs: 01. 02. 1998–31. 01. 2001

Durchführungsträger: Bildungswerk der Hessischen Wirtschaft. e. V. – Forschungsstelle, Emil-von-Behring-Str. 4, 60439 Frankfurt, Tel.: 0 69/9 58 08-2 71
Ansprechpartnerinnen: Dr. Doris Lau-Villinger, Cornelia Seitz, Gudula Brammer

MAX CHRIST, ROLF RÖHRIG

Ältere in Unternehmen und Weiterbildung

Probleme und Lösungsperspektiven

Nicht nur Unternehmen stehen in einem Wettbewerb auf zunehmend kundenorientierten Märkten. Auch die Weiterbildung ist ein Dienstleistungssektor, der sich nach Qualität und Quantität vor dem prüfenden Urteil des Kunden ausweisen muss. Die Kundschaft besteht in diesem Fall einerseits aus Arbeitnehmern, andererseits aus Unternehmen, und beide Parteien streben mit Hilfe des Bildungsangebots eine Erweiterung ihres adressatenspezifischen Nutzens an.

Die Ambiguität der Weiterbildung liegt darin, dass sie mit ihrem Bildungsgehalt dem Kunden und seinem Bedürfnis nicht nur *entsprechen,* sondern ihn in seinem Verhalten zugleich *verändern* will. Diesem Spannungsverhältnis entspringt eine Vielzahl von Problemlagen, die im Vollzug der Weiterbildung, aber auch bereits in ihrem Vorfeld zum Tragen kommen und nach geeigneten Lösungsstrategien verlangen.

Im Folgenden werden zu sieben typischen Problemen Lösungsansätze vorgestellt. Während die ersten vier dem Komplex „ältere Arbeitnehmer in der Weiterbildung" entnommen sind, entstammen die letzten drei Fallbeispiele dem „Verhältnis des Unternehmens zur Weiterbildung Älterer".

Problem 1: „Wozu Weiterbildung?"

Diese Frage aus dem Munde älterer Arbeitnehmer ist in der Regel rhetorischer Natur: Der potenzielle Interessent einer Qualifizierungsmaßnahme vermag darin keinen zureichenden Sinn zu entdecken. Insofern verlangt die Frage nicht nach einer Auskunft, sie transportiert vielmehr einen Vorbehalt. Und damit ist die alles entscheidende Voraussetzung jeder Weiterbildung verfehlt. Denn *vor* jeder Qualifizierung steht die *Bereitschaft* dazu, oder die Unternehmung ist zum Scheitern verurteilt. Wie also lässt sich der Vorbehalt auflösen und durch ein positives Engagement ersetzen?

Lösungsansatz

Die Ablehnung, die aus dem rhetorischen Charakter der Frage spricht, ist nicht durch eine positive Darlegung des Nutzens zu entkräften. Denn so würden ja unausgesprochene Vorbehalte nicht *ausgeräumt,* sondern lediglich *ergänzt* durch eine optimistische Sicht der Dinge. Echte Motivation kann daraus nicht erwachsen, weil die Vorurteile neben neu angeeigneten Auffassungen nach wie vor *in Kraft* sind, so dass es zu einer Frage der Tagesform oder Stimmungslage des Interessenten wird, welche der beiden Seiten die Oberhand gewinnt.

Vor der *Beseitigung* vorhandener Motivationsbarrieren ist ihre *Ermittlung* unerlässlich. Das kann in einem persönlichen Gespräch, aber auch durch geeignete empirische Instrumente wie einen gut konzipierten Fragebogen erfolgen. Die Projekterfahrung zeigt, dass in der Regel eine Vielzahl von motivationalen Hindernissen im Spiel ist:

- **Personale Motivationsbarrieren:** *„Mit Vierzig gehört man doch schon zum alten Eisen!"* So lautet ein Stereotyp, mit dem insbesondere ältere Arbeitnehmer ihre Demotivation bezüglich einer Weiterqualifizierung bekannt geben. Zur Begründung wird die angespannte Lage auf dem Arbeitsmarkt zitiert, die angesichts von ca. 4 Millionen Arbeitslosen und verschärften Leistungsanforderungen am Arbeitsplatz die Chancen älterer Arbeitsnehmer in den Augen der Betroffenen so drastisch verschlechtert, dass der Misserfolg vorprogrammiert scheint.
- **Kognitive Motivationsbarrieren:** *„In meinem Alter begreife ich das nie mehr!"* Auf diesen Nenner reduzieren Betroffene häufig ihre Ängste gegenüber den Anforderungen der beruflichen Weiterbildung, die für eine zeitgemäße Technik qualifizieren will. Das Alter kommt als Begründung in Betracht, aber auch eine niedere Schulbildung oder die soziale Herkunft.
- **Biographische Motivationsbarrieren:** *„Ich bin einfacher Arbeiter. CNC ist nicht meine Welt!"* Diese Form der Reflexion über die moderne Arbeitswelt ist zugleich eine Selbstreflexion. Hier besteht die Blockade gar nicht in einem inhaltlichen Vorbehalt gegen die zeitgemäße Technik und die Qualifizierung dafür. Dass sie als Bruch mit dem Althergebrachten und der eigenen Biographie erscheint und jede Anknüpfung an vorhandenes Können und Geschick vermissen lässt, gerät zum Einwand. Aus einer solchen Stellung spricht das Bedürfnis, das Neue zugleich als Kontinuität mit dem Vertrauten aufzufassen, um sich darin heimisch zu wissen.

Welcher Art der Vorbehalt auch immer sein mag, mit dem bloßen Dementi ist er nicht zu entkräften, auch wenn diese Strategie weit verbreitet ist. An die Stelle der bloßen *Behauptung* muss der Beweis treten, nicht *Überredung,* sondern *Überzeugung* ist gefragt, um Motivation und positives Engagement zu erzeugen. In diesem Sinne lässt sich etwa folgende Lösungsstrategie verfolgen, will man den Einwand ausräumen, das Alter sei ein unüberwindliches Lernhindernis und begründe eine defizitäre Intelligenzleistung.

Zunächst ist den Teilnehmern bewusst zu machen, dass die Vorstellung einer altersbedingten defizitären Intelligenz *wissenschaftlich* widerlegt und sehr viel differenzierter zu sehen ist. So ist erwiesen, dass etwa die Sinnesleistungen wie das Sehen, Hören und Tasten mit dem Alter *abnehmen.* Einige kognitive Fähigkeiten bleiben dagegen eher *konstant,* wie die allgemeine Intelligenz und Lernfähigkeit. Andere Momente, wie beispielsweise die Urteilsfähigkeit, Selbstständigkeit und Menschenkenntnis *nehmen zu.*

Es ist also keine Frage des bloßen persönlichen Dafürhaltens, wie es um den Zusammenhang von Alter und Intelligenz steht. Gleichwohl bleibt dieser erste Schritt noch eine Leistung schuldig. Die theoretischen Resultate der Wissenschaft firmieren als bloße *Gegenbehauptung* gegenüber dem Vorurteil. Der Verweis auf den wissenschaftlichen Charakter der Aussage betont, dass sie als bewiesen gelten kann, erläutert aber nicht, *wodurch.*

Dieser Mangel muss durch nachfolgende strategische Schritte behoben werden, welche die erläuterte Position als für den Adressaten selbst *nachvollziehbare* präsentiert. Der Rückgriff auf die *Erfahrung* tut hier gute Dienste. Was die Wissenschaft theoretisch behauptet, hat der Weiterbildungsinteressent schon oftmals *praktisch* erlebt. Man muss diese Erfahrung nur ins Zentrum des Bewusstseins rücken: Das geflügelte Wort vom „alten Fuchs" nimmt darauf Bezug, dass Alter und kognitive Leistungsfähigkeit, ja in manchen Fällen sogar Überlegenheit gegenüber Jüngeren durchaus kein Gegensatz sein müssen.

Seinen vollendeten Beweischarakter entfaltet dieser Rückgriff auf das Alltagserleben dann, wenn man nicht nur vergangene Erfahrungen ins Bewusstsein ruft, sondern die *Erfahrung in actu* als Beweismittel nutzt. *Lernexperimente* älterer Arbeitnehmer sind dazu ein überaus sinnvolles Instrument. Selbst lernentwöhnte Ältere erweisen sich durchaus als fähig, nach einer Viertelstunde Einweisung in die ihnen unbekannte Welt des Personalcomputers einfache Texte zu erstellen, zu speichern und auszudrucken, und zwar mittels einer Technik, die sie bis dato vor dem Hintergrund ihrer Biographie für schlechterdings unerreichbar hielten.

So gerät der für unmöglich gehaltene praktische Vollzug des Lernfortschritts zur leibhaftigen Widerlegung des Vorurteils vom altersbedingten Intelligenzdefizit.

Problem 2: „Das ist mir zu theoretisch!"

Was wie eine Klage über ein *Übermaß* an Theorie vorgetragen wird, zeugt in der Regel eher davon, dass theoretische Lerninhalte auf Unverständnis bei Teilnehmern stoßen. Daraus kann eine Abwehrhaltung erwachsen, die jeden weiteren Lernfortschritt blockiert.

Lösungsansatz

Die theoretische Ausbildung ist *Mittel* der beruflichen Praxis. Dieser scheinbar triviale Satz ist angesichts der vorgetragenen Problemlage dennoch von einigem Gewicht. Denn mag dem Teilnehmer auch der Unterricht „zu theoretisch" vorkommen, das darin ausgedrückte Verlangen nach einer *Alternative* zur Theorie ist schlechterdings *unerfüllbar.* Die theoretische Erfassung von Sachverhalten ist und bleibt die Grundlage für die praktische Beherrschung beruflicher Tätigkeitsfelder. Der viel gehörte Ruf nach *Praxis* sollte also nicht darüber hinwegtäuschen, dass Theorie nicht durch Praxis ersetzbar ist, so wichtig diese auch ist. Das Ohmsche Gesetz beispielsweise lässt sich nicht begreifen, indem der Lernende verschiedene Stromleiter mit unterschiedlichem Widerstand „begreift", also anfasst, wie es ein pädagogisches Wortspiel insinuiert.

Eine adäquate Lösungsstrategie darf daher nicht gleich das Feld der Theorie verlassen, sondern hat zunächst auf ihm zu ermitteln, *was* der Teilnehmer *warum* nicht versteht. Denn erst mit diesem Befund setzt sich der Lernberater instand, wirksame Förderung zu betreiben.

Hier ist das Unterscheidungsvermögen bereits bei der Ermittlung der eigentlichen Problemlage stark gefragt. In vielen Fällen zeigt die Projektpraxis nämlich, dass die Urheber der oben zitierten Klage ihre Schwierigkeit nicht mit dem *Inhalt* der Theorie, sondern mit den *Formen* theoretischen Lernens haben. Insbesondere ältere Arbeitnehmer gehören zum Umkreis der sogenannten *Lernentwöhnten.* Diese Klientel hat ihre letzte Ausbildung bereits viele Jahre hinter sich, eine berufliche Weiterbildung hat nicht stattgefunden, schon gar nicht kontinuierlich. Damit sind diese Menschen nicht nur von der Entwicklung moderner Lerntechnologien im Multimediazeitalter abgeschnitten, die Lernentwöhnung bringt es auch mit sich, dass die *Fähigkeit zur Konzentration* auf ein Lehrbuch, aber auch die *Kompetenz* bei der schriftlichen Abfassung wie dem mündlichen Vortrag eigener Gedanken gemindert ist.

Diese Lernentwöhnung ist nicht zu verwechseln mit einer *Lernunfähigkeit.* Dass Letztere durchaus *nicht* vorliegt, sollte der Ausbilder dem Klienten schon aus Gründen der Motivation eindringlich vor Augen führen. Auch wer an einem *durch Institutionen* organisierten Lernen in seinem zurückliegenden Lebensabschnitt nicht teilgenommen hat, hat gleichwohl *gelernt* und seine diesbezügliche kognitive Fähigkeit unter Beweis gestellt. Ob als Do-it-yourself-Handwerker, Hobby-Gärtner, Kfz-Reparateur oder PC-Einsteiger, stets haben die Beteiligten nämlich mehr oder weniger *autodidaktisch hinzugelernt.*

Mit dem Lernen sind solche Menschen also durchaus in ihrem Lebensalltag vertraut, nicht aber mit den in Institutionen vertretenen Formen und Mitteln. Insofern kann es für das Ausräumen von Lernblockaden schon hinreichend sein, den *Zugang* zu diversen Lernmethoden und -instrumenten vorübergehend selbst zum Gegenstand des Lernens zu machen. Hierzu gehört selbstverständlich die Einführung in die PC-Technik, wo diese genutzt, aber von den Teilnehmern nicht beherrscht wird. Wo sich die pure Dauer der Veranstaltung als Lernhindernis erweist, ist die Verkürzung der Lernetappen bei vermehrten kleinen Pausen oft schon zuträglich. Aber auch die Lektüre eines Textes und mündliche Wiedergabe vor Publikum, die schriftliche Zusammenfassung einer kontroversen Diskussion und ihrer Positionen sind eine gute Übung. So stärkt der Teilnehmer eine alte, aber nach wie vor unentbehrliche Kompetenz: die geistige Erfassung einer Sache und die Reproduktion des Begriffenen in Wort und Schrift.

Selbstverständlich lässt sich nicht jedes theoretische Unverständnis auf ein problematisches Verhältnis zu Mitteln und Formen des Lernprozesses reduzieren. Oftmals bleibt der theoretische Gehalt selbst unbegriffen. Hier ist zu erfragen, *was* ein Teilnehmer nicht verstanden hat und *warum* ihm ein Sachverhalt verschlossen bleibt. Die Projektpraxis zeigt: Unverständnis heißt nicht immer, dass der Lernende *nichts* begriffen, sondern dass er das zu Begreifende *falsch* aufgefasst hat und sich damit in einem unvermittelten Widerspruch zu anderen Aussagen des Lerngebäudes befindet. Beispielhaft hierfür ist der praktische Umgang mit Zahlensystemen (Dual- & Hexadezimalsystem) in der Steuerungstechnik. Eine fehlerhafte schriftliche Addition im dualen System etwa geht nicht auf bloße Flüchtigkeit zurück, sondern verdankt sich oft der Tatsache, dass der Teilnehmer stillschweigend den Algorithmus des Dezimalsystems zur Anwendung bringt und so zu falschen Ergebnissen kommt. In solchen Fällen ist die bloße *Wiederholung* der theoretischen Ausführungen keine Erfolg versprechende Strategie, weil sie das *vorhandene,* leider *falsche* Verständnis der Sache auf Seiten des Teilnehmers nicht ausräumt, das die Addition für einen vom jeweiligen Zahlensystem *unabhängigen* Rechenvorgang auffasst.

Um solchen Schwierigkeiten mit dem Erwerb theoretischer Erkenntnisse vorzubeugen, empfiehlt sich eine didaktische Lehr- und Lernform, die vom *Einfachen* zum *Komplexen,* vom *Konkreten* zum *Abstrakten* und vom *Teil* zum *Ganzen* fortschreitet. In der digitalen Steuerungstechnik z. B. bereitet es dem Einsteiger immer Schwierigkeiten, logische Schaltnetze komplexerer Art selbst zu erstellen. Um das Grundverständnis zu erarbeiten, beginnt man zunächst mit der Funktionsanalyse (Zergliederung) vorliegender einfacher Schaltungen. Der Schwierigkeitsgrad wird allmählich gesteigert, wobei den Teilnehmern klar werden muss, dass sich dabei das prinzipielle Vorgehen beim Zerlegen nicht ändert. Egal, welche praktische Funktionsanforderung gestellt ist, jede Schaltung besteht immer nur aus den drei logischen Grundelementen in unterschiedlicher Kombination mit Bildung von jeweiligen Zwischenergebnissen. Bei entsprechendem Fertigkeitsgrad kann dann der umgekehrte Weg des Erstellens eines Schaltnetzes angegangen werden. Beginnend mit einfachen Schaltbeispielen, wird der Schwierigkeitsgrad so gesteigert, dass die im Prinzip immer gleiche Vorgehensweise als roter Faden deutlich sichtbar bleibt und sich so mit der Zeit als routiniertes Umsetzen auf der Basis eines gesicherten Wissens manifestiert. Bei entsprechenden Erfolgserlebnissen wird den Teilnehmern klar, dass die Sackgasse der „Kochrezeptebene“ nur unbegriffene Nachahmungen vorgegebener Schemata erlaubt, eine souveräne Problemlösung hingegen aber erst dann möglich ist, wenn man sich das Grundverständnis des Themas erarbeitet hat.

Problem 3: „Ich finde mich im Unterricht nicht wieder und kann mich nicht einbringen!“

So lautet die Klage von Teilnehmern, die keinen Zugang zu Unterrichtsinhalt, Lehrstil und Lernformen finden. Ein Lernfortschritt wird dadurch behindert, wenn nicht verunmöglicht.

Lösungsansatz

Zunächst ist zu unterscheiden, ob die Ursache dafür mehr in *subjektiven Hemmschwellen oder objektiven Schranken* der Ausbildung liegen.

Was den subjektiven Faktor betrifft, so können *Lernwiderstände* auftreten, die etwa daraus resultieren, dass der Erwachsene aufgrund seines Berufs von technischen Innovationen abgekoppelt war und sich nun durch Ausmaß und Fremdheit der Stofffülle überfordert fühlt. Das kann zu Lernblockaden führen, die aber nicht von Unwilligkeit zeugen, sondern von einer Selbstdiagnose, nach der die Person sich für unfähig erachtet, das vorgestellte Pensum zu schaffen. Das greift das Selbstbewusstsein und damit die Motivation an. Hier gilt: Eine didaktische Einfühlsamkeit der „kleinen Schritte“, die in überschaubaren Etappen ein komplexes Lerngeschehen präsentiert, kann zumeist das Problem aus der Welt schaffen.

Eine andere wesentliche Quelle von Lernwiderständen ist das Menschenbild und Rollenverständnis, das der Lernende internalisiert hat. Ein immer noch vorherrschendes Rollenbild des Erwachsenen zeichnet diesen als vollendete Persönlichkeit, ein Status, der mit der eher bei Kindern anzutreffenden Rolle des Lernenden unverträglich scheint. Lernen kann vor diesem Hintergrund als Beeinträchtigung des Selbstbewusstseins empfunden werden, ja sogar als Demütigung oder Kränkung, wenn die didaktische Konzeption nicht gegensteuert und den erwachsenen Lernenden ernst nimmt als das, was er ist: ein mündiger Bürger.

Der selbstständige Erwachsene verfügt nicht nur über ein ausgebildetes Urteilsvermögen, er nimmt bereits soziale Verantwortung wahr, in der Familie ebenso wie am Arbeitsplatz. Die beim schulischen Lernen oft zu beobachtenden Strategien, die selbst beim Lernort Schule zu hinterfragen wären, sind daher fehl am Platze: Lernen durch Anweisung, Auswendiglernen statt Begreifen, Sanktionsandrohung statt Kritik.

Solche deplatzierten didaktischen Techniken führen in der Regel bei Erwachsenen zu Lernblockaden und -widerständen, weil sie sich in das autoritäre Bildungsmuster ihrer Schulzeit zurückversetzt sehen.

Lösungsperspektiven liegen in den Instrumenten einer erwachsenenspezifischen Didaktik:

- **Interaktive Lernzielformulierung:** Der Erwachsene hat nicht nur berufliche Erfahrungen und Interessen, sondern deswegen auch Problemstellungen und Ansprüche an Bildung, die befriedigt sein wollen. Insofern ist bereits die Festlegung der Lernziele *partizipativ* zu gestalten. Deswegen sollte der Ausbilder die Bedürfnisse und Fragestellungen der Teilnehmer eingangs ermitteln. Es ist eine Aufgabe der partnerschaftlichen Diskussion, Lehrkanon und Teilnehmerinteresse aufeinander abzustimmen, ohne die Lernziele preiszugeben.

- **Partizipatives Lernen:** Was für die Definition der Lernziele gilt, hat auch seine Berechtigung bei der Durchführung des Bildungsprozesses. Der Selbstständigkeit des lernenden Subjekts entspricht die *Leittextmethode,* die mit prägnanten Fragen oder provokativen Aussagen selbstständige Lernprozesse initiieren will, die der Ausbilder als Moderator und Berater begleitet. Das *Rollenspiel* ist eine weitere didaktische Technik, mit der die Teilnehmer lernen, nicht nur ihren Standpunkt öffentlich darzulegen, sondern auch im Pro und Contra die Stärke ihrer eigenen Argumente zu erproben und sie der Widerlegung durch andere auszusetzen.
- **Teamwork:** Dieses Konzept orientiert sich an der Idee des kooperativen Lernens in Kleingruppen. In didaktischer Hinsicht wird durch diese Lernform nicht nur die Selbstständigkeit der Teilnehmer gefördert. Sie bringt auch deutliche Leistungsvorteile beim Lernen mit sich, die den Lernenden auf diese Weise erfahrbar werden. Die Synergieeffekte des Teamworks sind beachtlich. *Die Gruppe weiß mehr:* Sie ist nämlich mehr als die Summe ihrer Teile. Jedes Gruppenmitglied verfügt über unterschiedliche Kenntnisse, aber auch über Wissenslücken. Die Gruppe bietet hier gleich zwei Vorteile: Das Wissen der einzelnen addiert sich nicht nur zu einem erweiterten Kenntnisstand der Gruppe. Zugleich werden mangelhafte Kenntnisse einzelner Mitglieder durch vorhandenes Wissen der anderen beseitigt. *Die Gruppe gleicht Fehler aus:* Ein Irrtum, der dem Einzelnen unterläuft, wird von anderen bemerkt. Was einer vergisst, hat sich der Nachbar gemerkt. Informationsdefizite verlieren an Gewicht, die Informationsspeicherung wird optimiert. *Die Gruppe spornt zu kreativem Denken an:* Neue Gedanken, die sich ein Mitarbeiter auf sich gestellt noch nie gemacht hat, wecken Interesse und Neugier. Der eigene Erfahrungshorizont wird zur Entfaltung solcher neuen Ideen beigesteuert, bis sich „etwas ganz Neues" entwickelt hat: eine zeitsparende Arbeitstechnik, ein kostensparendes Werkzeug oder gar eine neue Produktidee. *Die Gruppe stärkt das „Wir-Gefühl":* Der Mitarbeiter kann seine Erfahrungen, Kenntnisse, aber auch Zweifel einbringen und wird von Gleichgesinnten darin ernst genommen.

Ob und in welchem Maße der Lernprozess auch dem Teilnehmerbedürfnis nach Partizipation gerecht wird, sollte in einem kontinuierlichen *Weiterbildungscontrolling* ermittelt werden. Nicht nur das Bildungs*resultat*, auch der Bildungsprozess ist hinsichtlich seiner Qualität zu prüfen, und zwar nicht erst dann, wenn er beendet ist, also jede Korrektur zu spät kommt, sondern permanent und im Verlaufe seines Vollzugs. Das Feedback zwischen Lehrenden und Lernenden ist Instrument nicht zur Kontrolle und Sanktionierung der Lernleistung, sondern zur Optimierung der Weiterbildung.

Die Teilnehmerorientierung ist zwar nicht das ausschließliche, aber ein wichtiges Kriterium der Weiterbildungsqualität: Knüpft das Bildungsangebot an *Erfahrung* und *Vorwissen* der Teilnehmer an? Ist die *Stoffvermittlung* klar oder unverständlich, interessant oder trocken? Bietet der *Lernprozess* zu viel oder zu wenig Stoff an, geht er zu schnell oder zu langsam vor, enthält er zu viel oder zu wenig Diskussionsmöglichkeiten? Ist der Lernbedarf getroffen und der angestrebte *Lernfortschritt* eingetreten? Die diesbezügliche Auskunft der Teilnehmer wird anhand geeigneter Checklisten erhoben und setzt die Bildungsqualität dem Teilnehmerurteil mit dem Ziel der Effektivierung aus: Nur wenn der Teilnehmer sich im Weiterbildungsangebot *wiederfindet,* kann es ihn auch erreichen und wirksam *verändern.*

Problem 4: „Ich bin immer noch auf fremde Hilfe angewiesen und kann vieles nicht selbstständig anwenden." Oder die Kehrseite der Medaille: „Jetzt kann ich alles."

Die erste Aussage bedeutet im Klartext, dass der Klient mehr oder weniger nicht in der Lage ist, das jeweils neu vermittelte und erworbene Wissen methodisch korrekt in die Praxis umzusetzen.

Das zweite Statement, das durchaus konträr zur ersten Aussage steht, benennt die negative Seite am erwünschten positiven Erfolgserlebnis. Oft liegen Selbstsicherheit und Selbstüberschätzung dicht beieinander. Das ruft Fehler hervor. Anfängliche Erfolgserlebnisse verleiten dazu, dass sorgfältiges Vorgehen als nicht mehr notwendig erscheint. Es wird durch „Schnellschüsse" ersetzt. Doch der euphorische Ausgangspunkt endet in vielen Fällen auch hier beim selben Resultat: Ohne fremde Hilfe geht es nicht mehr weiter.

Lösungsansatz

Die beiden Urteile über die eigenen Fähigkeiten haben einen unterschiedlichen individuellen Ausgangspunkt und entsprechende Verlaufsformen, deren Fehler jeweils für sich zu analysieren und aufzuzeigen sind. Und doch sind sie auf einen Nenner zu bringen: Die Ursache des Scheiterns liegt in einer mangelhaften Selbstprüfkompetenz.

Die unvollkommen ausgebildete Handlungskompetenz im ersten Fall präsentiert sich als eine pessimistische Grundhaltung, die sich unterschiedlichen Gründen verdankt; z. B. einem beruflichen Werdegang, der in monotonen und inhaltsleeren Tätigkeiten bestand, einer längeren Periode der Arbeitslosigkeit mit den entsprechenden Auswirkungen auf das Selbstwertgefühl oder einfach nur der Unsicherheit, die beim Einarbeiten in ein neues Berufsfeld oder neue berufliche Inhalte anfänglich immer vorhanden ist, aber nicht abgelegt werden kann. Zur Analyse derartiger persönlicher Hemmnisse eignen sich Checklisten zur Erfassung des beruflichen Werdegangs und Tests zur Ermittlung von noch vorhandenem beruflichem Wissen in Kombination mit persönlichen Gesprächen.

So wichtig eine genaue Kenntnis persönlicher Voraussetzungen für eine individuell orientierte Betreuung ist, abgebaut werden kann das vorliegende Urteil des Menschen über sich nur durch einen praktischen und konkreten Dreischritt:

- Probleme präzise benennen
- Ursachen erkennen
- Lösungen ermitteln

Hierzu eignet sich eine „Schwachstellenanalyse“, die der Klient unter Anleitung des Ausbilders an sich selbst durchführt, beginnend bei der Wissensaneignung bis hin zur praktischen Umsetzung. Üblicherweise ist der Unterricht so gestaltet, dass nach der Behandlung der Grundlagen des jeweiligen Themas diverse Anwendungsbeispiele durchgesprochen werden und die praktische Umsetzung ggf. exemplarisch vorgeführt wird. Gleichzeitig erarbeiten sich die Teilnehmer durch Mitschrift und Einordnen der vom Ausbilder herausgegebenen Unterlagen eine Arbeitsdokumentation zum Thema, auf die sie bei Bedarf jederzeit zurückgreifen können und sollen. Bei der Analyse des Scheiterns ist genau hier schon anzusetzen. Im Rahmen eines Fachgesprächs beurteilt der Ausbilder die vorliegende Arbeitsdokumentation hinsichtlich des Verständnisses und auch hinsichtlich der Vollständigkeit und klärt dabei ab, inwieweit schon bei der Erarbeitung der Grundlagen Fehler gemacht wurden. In partnerschaftlicher Diskussion können so vorhandene Theoriedefizite und ihre Ursachen erfasst werden. Bei der Besprechung der Schwierigkeiten der praktischen Umsetzung sollte dann der nachvollziehbare Bezug zu eventuellen Mängeln beim Grundverständnis hergestellt werden.

Verfehlt wäre eine Schwachstellenanalyse, die dem Klienten nur aufzeigt, wie er idealerweise eigentlich seine Aufgabe hätte lösen sollen. Zu vermitteln ist bei diesem Verfahren vor allem der Leitgedanke, dass man ein Problem wirklich nur dann lösen kann, wenn man in der Lage ist, es exakt zu benennen. Deswegen ist es wichtig, dass der Ausbilder vorab Zweck und Ziel der Analyse klar benennt und somit die Initiative des Gesprächs an den Teilnehmer delegiert. Dieser sollte bei jedem Schwachpunkt klar und konkret selbst formulieren, was jeweils sein Problem ist, das er selbstständig nicht lösen kann. Im nächsten Schritt hat er zu überlegen, worin die Verständnisschwierigkeiten und die daraus resultierende eigene Unsicherheit bestehen. Bei so hergestelltem Problembewusstsein sollte der Teilnehmer in der Lage sein, im weiteren Fortgang den eigenen Lernerfolg nicht emotional, sondern *sachlich* zu beurteilen: Was habe ich bis jetzt begriffen vom Thema, und was noch nicht? Was ist *genau* mein Problem, und *wie* gehe ich die Lösung an?

Im Unterschied zum ersten Fall geht der Teilnehmer, der „jetzt alles kann“, davon aus, dass er das Prinzip des Unterrichtsgegenstands wohl begriffen habe. Dies mag in vielen Fällen zutreffen, doch bei solch euphorischer Grundhaltung ist ein entsprechendes Misstrauen des Ausbilders nicht unangebracht. Ein solches Selbstbewusstsein liegt nämlich auf der Grenze zur Selbstüberschätzung und provoziert Fehler. Mangelnde Aufmerksamkeit bildet den Auftakt: Eine Aufgabenstellung oder Problemlage wird schon im Ansatz nicht korrekt aufgefasst. Falsche Selbstsicherheit verleitet dazu, einmal internalisierte Methoden und Verfahren *unabhängig* vom vorliegenden speziellen Fall zur Anwendung zu bringen, weil sie so routiniert beherrscht werden. Fehler sind dadurch vorprogrammiert. Auch hier gilt die Strategie, „Schnellschüsse“ durch einen gezielten Dreisatz zu ersetzen: Welches Problem liegt genau vor? Welche Methode ist dafür die angemessene? Wie wird sie in diesem speziellen Fall optimal angewendet? Erst auf Grundlage dieser Reflexion wird aus Wissen und Routine echte Problemlösungskompetenz.

Problem 5: „Wir stellen bevorzugt junge Leute ein!“

Das ist die Lage: Ältere Arbeitnehmer werden nicht nur vermehrt arbeitslos, sie haben auch bei der Wiedereinstellung die schlechteren Chancen. Vorurteile bezüglich der Qualifikation und Leistungsfähigkeit Älterer spielen dabei ebenso eine Rolle wie Informationsdefizite im Hinblick auf die demographische Entwicklung.

Lösungsansatz

Gespräche der Projektmitarbeiter mit Unternehmensleitungen haben immer wieder gezeigt, dass wesentlich drei Momente für die jugendzentrierte Personalpolitik verantwortlich zeichnen: Die Qualifikation und Qualifizierungsfähigkeit Älterer gilt als ineffizient; ihre Leistungsfähigkeit wird als gering eingestuft; die Risiken der demographischen Entwicklung sind noch nicht ins Bewusstsein der ökonomischen Verantwortungsträger vorgedrungen.

Deshalb gilt es zunächst, eine überzeugende *Argumentationsstrategie* zu entwickeln, um die Betriebe im Hinblick auf die Relevanz älterer Arbeitnehmer für die Wirtschaft zu sensibilisieren.

Bezüglich des behaupteten *Qualifikationsdefizits* wäre erstens zu sagen, dass zwar der Ausbildungsstand Älterer hinter dem aktuellen Niveau zurückbleiben mag. Die berufliche Erfahrung dieser Klientel aber, die erworbene Routine im Verrichten beruflicher Tätigkeiten, ist im Gegenzug als eine Qualifikation festzuhalten, die Jüngeren nicht oder nur in geringerem Maße zukommt. Zum Zweiten ist die Halbwertszeit des beruflichen Wissens angesichts des raschen technologischen Wandels so rapide gesunken, dass selbst Jüngere immer schneller von der Entwertung einer einmal erworbenen Fähigkeit getroffen werden, so dass der vermutete altersspezifische Vorteil stark relativiert ist. Drittens schließlich zeichnen sich angesichts dieser Lage Ältere sogar dadurch aus, dass sie den qualifikatorischen Wandel bereits mehrmals in ihrer beruflichen Biographie durchlebt haben. Und darüber wächst ihnen Flexibilität, also eine eminent wichtige Schlüsselqualifikation zu.

Bezüglich des Urteils, Ältere seien in ihrer *Leistungsfähigkeit* gegenüber Jüngeren stark im Nachteil, ist eine Differenzierung angebracht, die auch die moderne technische Entwicklung in den Betrieben in Rechnung stellt. Ob und in welchem Maße das biologische Alter die körperliche und geistige Konstitution beeinträchtigt, hängt auch von anderen Faktoren, wie etwa einer gesunden und stressfreien privaten Lebensführung ab, die berufliche Beanspruchung kompensieren kann. Private Lebensstile und ihre positiven wie negativen Folgen überlagern so die Wirkungen unterschiedlicher Berufsfelder auf Jung und Alt. Schließlich ist zu bedenken, dass die moderne Technikentwicklung nicht nur manche Be-, sondern auch zahlreiche Entlastungen mit sich führt. Darüber hat sich das Anforderungsprofil des Arbeitsplatzes signifikant gewandelt. Muskelkraft etwa, eingestandenermaßen stark altersabhängig, ist weitgehend durch innovative Werkzeug- und Transportmaschinen überflüssig gemacht worden. Bezüglich der geistigen Seite der Leistungsfähigkeit schließlich ist die sogenannte „Lebenskraft-Aufbrauchs-Theorie“ (U. Lehr) längst widerlegt.

Aus diesen beiden Vor- oder Fehlurteilen speist sich offenbar die Hartnäckigkeit, mit der Unternehmensleitungen an einer jugendzentrierten Personalpolitik festhalten und so systematisch übersehen, was längst zu einem dominanten Thema der öffentlichen und politischen Diskussion geworden ist: die demographische Entwicklung.

Die Bevölkerungsentwicklung in den nächsten 50 Jahren führt zu einem zunehmend *altenlastigen Bevölkerungsaufbau*. Der Anteil der über 60-Jährigen steigt auf etwa ein Drittel im Jahre 2030, während er 1992 noch bei rund einem Fünftel lag. Diese alterslastige Bevölkerungsstruktur erhält ihre Brisanz im Hinblick auf das Erwerbspotenzial und die gängige jugendzentrierte Personalpolitik. Denn die demographische Entwicklung wird sich künftig als definitive Schranke der bisher praktizierten Qualifizierungs- und Einstellungsstrategie erweisen. Die Nachwuchsbeschaffung wird angesichts eines gealterten Erwerbspotenzials zunehmend problematisch, ältere, aber durch Freisetzung von beruflicher Qualifizierung ausgeschlossene Arbeitnehmer müssen sich als Träger der technologischen Innovation bewähren.

Dabei ist der Trend versiegender Nachwuchsbeschaffung bis zum Jahre 2030 nicht nur im Hinblick auf die absolut verfügbare Zahl qualifizierter Arbeitnehmer von Belang. Bevor ein definitiver *Facharbeitermangel* die Wachstumsimpulse zum Erliegen bringt, werden die Betriebe mit einem immens steigenden Kostendruck zu kämpfen haben. Denn die verschärfte Konkurrenz um knapper werdendes qualifiziertes Humankapital führt unweigerlich zu höheren Löhnen, mit denen die Unternehmen qualifizierte Arbeitnehmer an sich binden müssen, und damit zu einem Wettbewerbs- und Standortnachteil.

Die Tücke dieser Entwicklung besteht in ihrem time-lag. Der Alterungsprozess zeitigt seine dargelegten Folgen für die Unternehmen erst in etwa 20 bis 30 Jahren. Nicht nur unter volkswirtschaftlichen, sondern auch unter betriebswirtschaftlichen

Aspekten ist also dringend ein Umsteuern geboten. Angesichts der Altersstruktur der Erwerbsbevölkerung und ihrer demographischen Verschiebungen muss hier und heute die Qualifizierung des Humankapitals nicht mehr unter generationenspezifischen Vorzeichen, sondern altersübergreifend organisiert werden und die älteren Arbeitnehmer auf die Rolle vorbereiten, die ihnen Arbeitsmarkt und Demographie künftig zuweisen werden: Sie sind eine tragende Säule der technologischen Innovation.

Um die Unternehmungen mit einer solchen Argumentationsstrategie für die Problemlage zu sensibilisieren, sind alle Instrumente eines modernen Informationsmarketings einzusetzen. Nicht nur persönliche Gespräche und Vorträge, sondern auch Workshops und gezielte Kommunikationsangebote etwa im Internet kommen hierfür in Betracht.

Problem 6: „In unserem Unternehmen gibt es keine altengerechte Arbeitsplätze!"

Nicht der Wille, sondern die betriebliche Einsatzmöglichkeit wird als Hindernis präsentiert, ältere Arbeitnehmer einzustellen.

Lösungsansatz

Im öffentlichen Bewusstsein ist man sich einig, dass vor dem Hintergrund des stattfindenden Altersstrukturwandels der Integration der Älteren ins Berufsleben eine entscheidende Bedeutung zukommt. Auch die Betriebe sehen volkswirtschaftlich die Notwendigkeit einer Gegensteuerung, verhalten sich aber in ihrer Personalpolitik geradezu konträr, indem sie sich auf unabänderliche betriebliche Notwendigkeiten berufen. Die Bereitschaft zur Entwicklung von altersgerechten Arbeitsplätzen kann nur gefördert werden, wenn es gelingt, den Verantwortlichen nachzuweisen, dass sie objektive Möglichkeiten dazu haben, die sich zudem an betrieblichen Notwendigkeiten orientieren.

Die Entwicklung einer Arbeitsplatz- und Qualifikationsbedarfsanalyse, die den betrieblichen Erfordernissen und Besonderheiten Rechnung trägt, bietet sich an mit folgenden Schwerpunkten der Betrachtung:

Leistungsfähigkeit und betriebliche Arbeitsanforderungen: Es macht wenig Sinn, von *der* Leistungsfähigkeit *an sich* zu sprechen, ohne sie ins Verhältnis zu den *jeweiligen* Anforderungen des Arbeitsplatzes zu setzen. Zweckmäßig ist es vielmehr, die für notwendig erachteten Fähigkeiten zu differenzieren nach ihren qualifikatorischen und physisch-psychischen Momenten. Denn nur so kann eine falsche Optik, die zudem von Vorurteilen gegenüber Älteren eingefärbt ist, korrigiert werden. Wichtig dabei ist auch, dass nicht nur objektive Hindernisse für die Beschäftigung Älterer erfasst werden, sondern auch gestalterische Möglichkeiten zur Beseitigung derselben in die Betrachtung eingehen. Reine Körperkraft ist zwar wegen des Einsatzes entsprechender Technologien nicht mehr sonderlich gefragt, trotzdem ist nicht zu leugnen, dass vor allem Ältere in beträchtlichem Umfang gesundheitliche Probleme in Form von diversen Verschleißerscheinungen des Stütz- und Bewegungsapparats aufweisen können. Durch eine in den meisten Fällen mögliche Verbesserung der Ergonomie derartiger Arbeitsplätze werden solche Schädigungen nicht nur vermieden, sondern auch eine vorab für unmöglich gehaltene Weiterbeschäftigung ermöglicht.

Doch der Blickwinkel sollte sich nicht nur auf angebliche oder tatsächliche Nachteile, sondern auch auf die Vorzüge richten, die ein älterer Arbeitnehmer einem jüngeren gegenüber aufweisen kann. Wichtige Schlüsselqualifikationen wie Erfahrung und Routine, Urteilsfähigkeit und Einfühlungsvermögen, Verantwortungsbewusstsein und Loyalität sind ein Potenzial, das auszuschöpfen sich lohnen sollte. Ein beruflich erfahrener und routinierter Mitarbeiter mit dem entsprechenden Verantwortungsbewusstsein ist ein geeigneter Kandidat für diverse Tätigkeiten wie Instandhaltungs-, Reparatur- und Montagearbeiten an innerbetrieblichen Maschinen, Anlagen und Einrichtungen, deren störungsfreies Funktionieren von elementarer Wichtigkeit ist. Bei solchen Arbeiten sind keine „Schnellschüsse" gefragt, die einen kurzfristigen Erfolg zeitigen, sondern ein umsichtiges Vorgehen mit genauer Ursachenforschung zur Vermeidung größerer Schäden, die möglicherweise zum Produktionsstillstand führen können. Auch die Qualitätssicherung und Qualitätskontrolle als Tätigkeitsfeld, dem immer mehr Bedeutung zukommt, ist der geeignete Arbeitsplatz für jemanden, der ein Leben lang genau und gewissenhaft gearbeitet hat. Einfühlungsvermögen und Urteilsfähigkeit sind besonders gefragt an Arbeitsplätzen mit Kundennähe, vornehmlich in den Bereichen Service und Beratung. Doch an dieser Stelle kommt dann meistens der Einwand: „Von den Schlüsselqualifikationen her bestens geeignet, aber was ist mit der nicht mehr ausreichenden fachlichen Qualifikation?" Sollte bei der Beurteilung einer weiteren beruflichen Verwendung mangelnde fachliche Qualifizierung als Hinderungsgrund auftauchen, so wäre in jedem Fall eine Frage vorurteilslos und ehrlich zu beantworten: Würde der Kandidat es mit einer entsprechenden Weiterbildung schaffen?

Arbeitsorganisation: Neue betriebliche Organisationskonzepte sind eine Möglichkeit, den Arbeitsprozess so zu gestalten, dass er sowohl den physiologischen als auch den psychologischen Fähigkeiten der einzelnen Altersstufen gerecht wird. Darüber hinaus ermöglichen es entsprechende Formen der Team- und Gruppenarbeit, in der Alt und Jung ihre Stärken vereinen und Schwächen kompensieren, das Erfahrungswissen und das Verantwortungsbewusstsein der Älteren effektiver einzusetzen und so auch wirtschaftlich zu nutzen.

Arbeitszeit: Gesundheitliche Verschleißerscheinungen mannigfaltiger Art sind in der Endphase des Erwerbslebens bei einem großen Teil der über Fünfzigjährigen weder zu leugnen noch durch ergonomische Umgestaltungen rückgängig zu machen. Der gleitende Ruhestand in Form der Altersteilzeitarbeit bietet sich an, leistungsgeminderten Arbeitnehmern den Verbleib im Beruf zu ermöglichen. Dazu müssten die bisherigen Arbeitszeitmodelle, die überwiegend an der optimierten Betriebszeit von Maschinen und Anlagen orientiert sind, umgestaltet werden, damit das zeitlich variierende Arbeitsangebot des Einzelnen berücksichtigt werden kann bei gleichzeitiger Sicherung des wirtschaftlichen Erfolgs. Zu fragen wäre hier, ob die bisherigen üblichen Schichtmodelle nicht einfach nur deswegen als unverträglich mit dieser Zielsetzung betrachtet werden, weil man bisher nur jugendzentriert gedacht hat.

Personalentwicklung und Qualifizierung: Die betriebliche Praxis zeigt, dass ältere Mitarbeiter von Qualifizierungsmaßnahmen in aller Regel ausgeschlossen sind. Die Ursache hierfür ist nicht allein das Resultat bestimmter Managementstrategien, sondern verdankt sich zumindest teilweise auch dem Umstand, dass die Betroffenen die negativen Urteile über ihre Fähigkeiten akzeptieren und mit einer daraus resultierenden Resignation diese auch noch bestätigen. Ihre mangelhafte Lernbereitschaft wird gleichgesetzt mit Lernunfähigkeit. Das Interesse der Älteren an einer Weiterbildung steigt mit Sicherheit dann deutlich, wenn reale berufliche Perspektiven geboten werden, die eine Weiterbildung notwendig mit einschließen. Wenn sich Bildungsanstrengungen per se als nützlich erweisen für das berufliche Weiterkommen, stellt sich eine Lernbereitschaft von selbst ein.

Bereitstellung von adäquaten Weiterbildungsangeboten: Wenn Betriebe Probleme haben, Weiterbildungsnotwendigkeiten und betriebliche Belange unter einen Hut zu bringen, muss die berufliche Aus- und Weiterbildung in der Lage sein, individuelle Bildungskonzepte anzubieten, die sich nicht nur inhaltlich, sondern auch in der zeitlichen, organisatorischen und terminlichen Gestaltung an betrieblichen Notwendigkeiten orientieren.

Problem 7: „Weiterbildung verursacht doch nur Kosten."

Mit Verweis auf das Betriebsergebnis wird eine Qualifizierung zurückgewiesen, deren Durchführbarkeit und praktische Nützlichkeit oftmals durchaus gesehen wird.

Lösungsansatz

Selbst bei Personalverantwortlichen, die Einwände und Vorurteile gegenüber älteren Arbeitnehmern nicht oder nicht mehr hegen, stoßen die für alle Altersstufen notwendigen Qualifizierungs- und Weiterbildungsmaßnahmen auf Vorbehalte. Mit Verweis auf die Kosten sowie den Zeitaufwand und befürchtete Störungen des Produktionsablaufs unterbleiben Weiterbildungsanstrengungen.

Dagegen ist Folgendes einzuwenden:
Die *Kosten* für Weiterbildungsmaßnahmen sind für sich genommen im Hinblick auf die betriebliche Rentabilität nicht aussagekräftig. Ihnen gegenüber stehen positive Effekte, die sich als Ertragssteigerung auswirken können. Erst an dieser *Differenz* von aufgewendeten Kosten und dem Ertrag – der im Folgenden noch näher zu bestimmen ist – entscheidet sich, wie sehr sich Weiterbildung lohnt.

Und sie lohnt sich: *Produktivität, Qualität* und die Einbeziehung *innovativer Technologien* durch geschultes Personal wirken sich bei immer stärker kundenorientierten Märkten erstens positiv auf den Gewinn aus. Zweitens: Auch der Umsatz von Unternehmen, die auf qualifizierte Mitarbeiter und qualitativ hochwertige Produkte setzen, steigt nachweislich. Waren in der Vergangenheit die Konzerne und Großbetriebe die Vorreiter der Durchsetzung nicht nur einer standardisierten Produktqualität, sondern auch einer dazugehörigen Prozessqualität, wird mittlerweile auch für Klein- und Mittelbetriebe eine Zertifizierung hinsichtlich der Durchführung eines Qualitätsmanagements nach DIN ISO 9000 immer mehr zur Notwendigkeit, vor allem wenn man sich als Zulieferbetrieb in der industriellen Arbeitsteilung nicht nur behaupten, sondern auch empfehlen möchte. Neben dem Nachweis der Qualitätssicherung, die nur durch ein entsprechend geschultes Personal hergestellt werden kann, ist nach der Philosophie des „Lean Management" und der „Lean Production" eine Kundenorientierung im klassischen Sinne obsolet. Vor allem die Betreuung findet nicht mehr über den Umweg einer gesonderten Abteilung in der Firmenhierarchie statt, sondern wird zunehmend Aufgabe auch der produktiven Ebene. Hier werden die Probleme und Wünsche des Kunden in direktem Kontakt analysiert und realisiert. Eine betriebliche Qualifikationsstruktur, die hierarchisch mehr oder weniger geteilt ist in einen kleinen Kreis von Spezialisten, die über das notwendige Know-how verfügen, und eine breite Masse von Mitarbeitern, die nach strikten Vorgaben ihre Arbeit erledigen, ist diesen Anforderungen in Zukunft nicht mehr gewachsen. Denn diese neuen Organisationsstrukturen sind nicht getrennt zu sehen von der technologischen Entwicklung. Beispielsweise liegen die Vorteile der CNC-Technologie nicht unbedingt darin, dass sie im Unterschied zur konventionellen Technik prinzipiell produktiver ist. Die wesentliche Differenz zeigt sich in den technischen Realisierungsmöglichkeiten, die hinsichtlich der Flexibilität, Komplexität und Präzision mit konventioneller Technik nur schwer oder gar nicht zu haben sind. Nur eine geschulte Mannschaft, die auch mit Teamarbeit vertraut ist, kann die Möglichkeiten, die sich hier bieten, voll nutzen. Eine entsprechende Qualifizierung garantiert hier nicht nur Produktqualität und Termintreue, sondern ermöglicht es auch, auf der Basis der gegebenen technischen Möglichkeiten flexibel auf Kundenwünsche zu reagieren.

Mitarbeiter, die so voll verantwortlich in die Auftragsabwicklung mit eingebunden sind, erwerben sich auch die Kompetenz für eine individuelle Kundenbetreuung im Rahmen von Serviceleistungen und technischen Klärungen, da ihnen die jeweilige

Problemlage genau bekannt ist. Genau hier liegen die Chancen für eine Firma, eine optimale Kundenbindung und damit eine Sicherstellung von Marktanteilen zu realisieren.

Schließlich erzeugt das Unternehmen so noch einen dritten positiven Effekt: Kleinere, aber kontinuierliche Investitionen in die Qualifikation der Mitarbeiter sorgen nicht nur für zufriedene Kunden und somit für einen florierenden Geschäftsgang, sondern haben auch Rückwirkungen auf die Mitarbeiter hinsichtlich ihrer Stellung zur Firma. Investitionen in ihre Weiterqualifizierung werden als persönliche Wertschätzung empfunden und erhöhen so nicht nur die Loyalität. In Verbindung mit Aufstiegsperspektiven erhöht sich so auch die Betriebsbindung. Einer Mitarbeiterfluktuation, die auch in Zeiten hoher Arbeitslosigkeit bei technisch qualifiziertem Personal vorhanden ist, wird so vorgebeugt, was wiederum zu einer Senkung der Fluktuationskosten (Einarbeitung neuer Mitarbeiter) führt.

Produktion und Weiterbildung sind prinzipiell verträglich, der Zeitaufwand ist nicht notwendig eine Behinderung der betrieblichen Abläufe, wenn er mit den Notwendigkeiten der Produktion harmonisch abgestimmt ist. Die Qualifizierung zielt nämlich nicht darauf, die Produktion für einen einmaligen gewaltigen Ausbildungsschub zu unterbrechen. Parallel zum Produktionsablauf können Mitarbeiter in kurzen Weiterbildungsphasen auf den neuesten Stand gebracht werden.

Diese Weiterbildungsstrategie, die Qualifizierung und Produktion nicht in Gegensatz zueinander bringt, sondern sie füreinander fruchtbar macht, ist bei innovativen Unternehmen längst Praxis: Das Ideal der „lernenden Organisation" entstammt nicht dem Elfenbeinturm der Arbeitswissenschaft, sondern kennzeichnet die Qualifizierungsstrategie von Marktführern mit Weltruf.

Die Erfolge können sich sehen lassen: Der Kontinuierliche Verbesserungsprozess (KVP) trägt dem Volkswagenkonzern eine Produktivitätssteigerung von 20 % ein. Das Erfolgsmodell Japan betreibt eine Weiterbildungskultur, die nach seriösen Hochrechnungen einen Jahreseffekt von 0,5 Millionen DM pro 100 Beschäftigten erbringt.

Es kommt darauf an, die Betriebe zu bewegen, die Kosten-Nutzen-Relation der Weiterbildung unter den aufgeführten Gesichtspunkten neu zu überdenken. Wenn erfolgreiches Qualitätsmanagement und eine schlanke und flexible Produktion die Garanten für künftigen ökonomischen Erfolg sind, ist die kontinuierliche und adäquate Weiterbildung ihrer Mitarbeiter eine lohnende Notwendigkeit.

JOCHEN WENKE

Berufliche Weiterbildung für ältere Arbeitnehmer

(Die im Folgenden dargestellten Statements sind Resultate aus den Erfahrungen, die im Rahmen des Modellversuches „Entwicklung und Erprobung von Qualifizierungsmaßnahmen für ältere Arbeitnehmer aus der Industrie" in den Jahren 1993 bis 1995 gemacht wurden.)

1. Persönlichkeit, Selbstbild und Status älterer Arbeitnehmer: psychologische Aspekte der beruflichen Bildungsarbeit mit Älteren

Unter psychologischen Gesichtspunkten sieht sich berufliche Bildungsarbeit mit Älteren im Wesentlichen mit folgenden spezifischen Problemstellungen konfrontiert, für die sie entsprechende Lösungsansätze zu entwickeln hat:

Ältere *sind entwickelte erwachsene Persönlichkeiten*. Das bedeutet, dass sie während langer Jahre der Bewährung im Berufs- und Privatleben individuelle Profile entwickelt haben, die kognitive Orientierungen ebenso einschließen wie Interessen, Vorlieben und Gewohnheiten. Als eigenständige Verhaltensmuster in den Anpassungsprozessen, die eine durch raschen Wandel geprägte Industriegesellschaft den Individuen abverlangt, sind sie in aller Regel mit Emotionen wie Selbstwertgefühl und Stolz verknüpft.

Besonders kontraproduktiv muss sich daher bei Erwachsenen in der zweiten Hälfte des Berufslebens das pädagogische Idealbild vom Lernenden als „unbeschriebenem Blatt", das Lehrer beliebig gestalten könnten, erweisen. Berufliche Bildungspraxis, die, diesem Idealbild folgend, Ältere in eine „Schülersituation" drängt, läuft große Gefahr, bei diesen das Gefühl hervorzurufen, in der neuen Lernsituation mit einem prinzipiellen Angriff auf das bisher Gelernte und Erworbene, mit einer Infragestellung integraler Persönlichkeitselemente konfrontiert zu sein. Daraus können im Extremfall kaum noch aufzubrechende Verweigerungshaltungen folgen.

Lehrende haben daher allen Grund, dafür eine besonders hohe Sensibilität zu entwickeln. Das bedeutet vor allem, die vorhandenen Bewältigungsstrategien Älterer zu erkennen – und anzuerkennen: Das Qualifizierungsangebot soll zu ihnen im Verhältnis der Ergänzung und Erweiterung, nicht der radikalen Kritik stehen. Für die Teilnehmer an Fortbildungsprojekten muss jederzeit erkennbar bleiben, dass die Qualifizierungsmaßnahme eine *Dienstleistung* ist, die sie bei ihrer Bewältigung der aktuellen Arbeitsplatz- und Arbeitsmarktgegebenheit unterstützen will. Es geht um die Vermittlung wohl definierter, abgegrenzter Kenntnisse und Fertigkeiten – nicht um eine Infragestellung der Person als ganzer!

Respekt vor der entwickelten Persönlichkeit Älterer, mit *ihren* Motiven und Haltungen, schließt dabei keineswegs den Verzicht auf begründete Kritik ein. Diese hat idealerweise stets den Charakter der *sachlichen Korrektur von Fehleinschätzungen*, die Verhaltensanpassungen ermöglicht. Das Schlagwort vom Ausbilder als *Partner* des Lernenden ist ernst zu nehmen. Und so erhalten auch inhaltliche Problemstellungen der Kursgestaltung ihre psychologische „Wertigkeit“: Wer infolge mangelnder Individualisierung des Unterrichtsgeschehens Teilnehmer dauerhaft überfordert, verhält sich nicht nur didaktisch unzweckmäßig – er nimmt in Kauf, dass die Fortbildung als *Angriff auf die eigene Person* erlebt wird. Umgekehrt kann ein unterforderndes Ausbreiten von „Selbstverständlichkeiten“ zu einem Gefühl der Depotenzierung, also der *Entwertung,* führen.

Der „andragogische Radikalismus“, vor dem hier gewarnt werden soll, reflektiert sich in Urteilen wie dem, ältere Teilnehmer seien oft – oder gar meist – „unflexibel“. Es behandelt die *gewachsene Individualität* des Fortzubildenden als *Hindernis* des Fortbildungsgeschehens – statt als *Bedingung,* auf die sich Dozenten und Ausbilder positiv zu beziehen haben. Mangelnde Bereitschaft, auch solche Haltungen und Einstellungen der Fortzubildenden, die zunächst zu „stören“ scheinen, vorurteilslos auf ihre Vernunft zu befragen, kann sich aber außerordentlich belastend auswirken und den Erfolg einer Maßnahme prinzipiell in Frage stellen.

Ältere internalisieren häufig defizitäre gesellschaftliche Vorstellungen bzw. Stereotypien über „das Alter“ zu einem ebenso *defizitären Selbstbild,* das im Hinblick auf Weiterbildungsmaßnahmen von dem Irrglauben an eine bereits ab der Lebensmitte spürbare, kontinuierlich abnehmende Bildbarkeit des Menschen getragen ist. Teilnehmer an Anpassungsqualifizierungen wenden immer wieder ein, sie seien *lernentwöhnt;* angesichts des Charakters ihrer bisherigen beruflichen Tätigkeit bedeute der späte Rückweg zur Theorie eine gewaltige *Umstellung;* man wisse gar nicht (mehr), *wie man lernt.*

All das ist durchaus nicht von der Hand zu weisen, und Dozenten und Ausbilder werden sich mit diesen negativen Selbstzuschreibungen Älterer auseinandersetzen müssen. Deren Bedenken und Ängsten, altersbedingt *„lernbehindert“* zu sein, lässt sich Folgendes entgegenhalten:

- So etwas wie „Lernentwöhnung“ gibt es in der Tat. Wie aber die Entwicklungspsychologie zeigt, ist dieser Zustand jedoch keineswegs irreversibel. Er lässt sich durch Übung rasch überwinden.
- Elementare Lerntechniken lassen sich ohne großen Aufwand vermitteln. Dies sollte in einer der einleitenden Kurseinheiten geschehen. Der Einstieg in den theoretischen und praktischen Fachunterricht kann so schon in dem Bewusstsein erfolgen, dass man den kommenden Anforderungen prinzipiell gewachsen ist.

- Es gibt tatsächlich Besonderheiten des Lernens Älterer. Insbesondere kommt es ihren Lernbedürfnissen entgegen, wenn an den vorhandenen praktischen Erfahrungen angeknüpft wird. Damit ist jedoch weniger eine Einschränkung benannt als eine positiv einzuschätzende Option. Weist man die Teilnehmer schon zu Beginn der Maßnahme darauf hin, dass ihr fachtheoretischer Unterricht nach Möglichkeit den Prinzipien erfahrungsgestützten Lernens folgen wird, ist das geeignet, Ängste gar nicht erst entstehen zu lassen oder vorhandene Ängste im Vorfeld abzubauen.

Schließlich kann sich schon die bloße Tatsache der Zusammenfassung mehrerer älterer Arbeitnehmer zu einer Lerngruppe positiv auswirken: In altershomogenen Gruppen lassen sich Unterschiede im Lernerfolg klarerweise nicht auf das Alter zurückführen. Wer sich erste Misserfolge damit erklärt, dass er schon „zu alt“ für Weiterbildung sei, wird durch das bessere Abschneiden seiner Kollegen Lügen gestraft. Die Beobachtung, dass „es bei anderen auch geht“, kann als Ansporn wirken.

Ältere, vor allem Arbeitnehmer mit definiertem sozialen Status, d. h. gewerbliche Arbeitnehmer der unteren Hierarchiestufen verknüpfen aufgrund ihrer Bildungsbiographie den Begriff des Lernens mit eher negativen Konnotationen. Das lebenslange Lernen im und für den Beruf sowie in privaten Zusammenhängen rückt als solches oft gar nicht ins Blickfeld. Die Gelegenheit, Fortbildungserfahrungen zu sammeln, mit denen sich etwa gar die Perspektive eines beruflichen Aufstiegs verband, bestand meist nicht. Die Erinnerung an die Schule jedoch lässt an Zeiten denken, in denen sich ein niedriger sozialer Status oft auch mit Misserfolgserlebnissen verband. Im Rückblick ergibt sich ein Bild, das durch die oft mühsame Aufhäufung abstrakten Prüfungswissens bestimmt ist. Eine Situation der Abhängigkeit wird heraufbeschworen, die durch die Bewährung vor fremden, äußeren Maßstäben charakterisiert ist.

Nun ist man mit der „Zumutung“ späten Weiterlernens überdies ja deshalb konfrontiert, weil ein bestehendes Arbeitsverhältnis wegen betrieblicher Neuerungen oder Rationalisierungen bedroht bzw. die Arbeitslosigkeit schon eingetreten ist: Man weiß und kann offenbar „zu wenig“. Die *Statusunsicherheit,* die aus der objektiven beruflichen Situation resultiert, kann sich durch den „Rückfall in die Schülerrolle“ noch verschärfen. Wird die Lernsituation als demütigend empfunden, ist jedoch der Lernerfolg in Frage gestellt.

So können formal-organisatorische Regelungen, durch die die Teilnehmer sich „wie Schüler behandelt“ und diszipliniert fühlen, ebenso wie ein Dozentenverhalten, das als arrogant empfunden wird, verhindern, dass sich eine entspannte, Erfolg versprechende Lernatmosphäre entwickelt.

Auch hier ist von Dozenten und Ausbildern „andragogische Sensibilität“ verlangt, um der Entstehung von Minderwertigkeitsgefühlen entgegenzuwirken. Der ausführlichen Begründung des Fortbildungsprojekts und seiner konkreten Inhalte kommt hier eine zentrale Bedeutung zu. Lehrende, die mit älteren Arbeitnehmern aus der Industrie arbeiten, müssen darauf gefasst sein, dass der Kontakt mit dem Bereich institutionalisierten Lernens bei ihren Adressaten zu Statusunsicherheit führt. Reaktionen, die auf langjährigen Ausschluss von institutionalisiertem Lernen zurückzuführen sind, dürfen auf keinen Fall zu Verhaltensweisen verleiten, die Teilnehmer als soziale „Abstufung" deuten könnten.

Zusammenfassend kann hier festgehalten werden: Es gehört zu den oft angeführten – und oft nicht beherzigten – Gemeinplätzen des pädagogischen bzw. andragogischen Diskurses, dass es darauf ankomme, die Lernenden „dort abzuholen, wo sie wirklich stehen", ihnen also ermüdende Wiederholung von bereits Bekanntem ebenso zu ersparen wie eine demotivierende Überforderung, dabei didaktisch-methodisch angemessen auf die vorhandenen Lernbedürfnisse zu reagieren, die motivationale Befindlichkeit der Lernenden vorurteilslos und offen zur Kenntnis zu nehmen – und nötigenfalls positiv auf sie einzuwirken.

Vorhandene Kenntnisse und Fertigkeiten bilden so im gut geplanten Unterrichtsgeschehen allemal Anknüpfungspunkt und Grundlage für die schrittweise Erweiterung des bereits Gelernten einerseits, den Aufbau immer weiterführender Lernmotivation andererseits. Die Lernenden vergegenwärtigen sich, festigen und vertiefen das schon Erworbene und gewinnen dabei zugleich die Einsicht in seine Ergänzungsbedürftigkeit. So werden weitere Lernprozesse möglich und in ihrer Notwendigkeit erkennbar.

Leicht jedoch verfallen Lehrer, Dozenten und Ausbilder, orientiert an den Vorgaben von Lehrplänen, Lernziel-Listen und Ausbildungsordnungen, einem Schematismus der „Stoffbewältigung". Möglichkeiten der Individualisierung schwinden mit wachsender Gruppengröße. Wirkliche oder vermeintliche organisatorisch-institutionelle Sachzwänge tragen das Ihre dazu bei, die Lernenden mit ihrer je konkreten kognitiven und psychosozialen Verfasstheit aus dem Zentrum des Unterrichtsgeschehens zu verdrängen. Bei Fortbildungsmaßnahmen für ältere Arbeitnehmer aus der Industrie, deren Arbeitsplätze bedroht oder die bereits arbeitslos sind, wäre mangelnde Adressatenorientierung jedoch in besonderer Weise fatal.

2. Die Lebenssituation älterer Arbeitnehmer: motivationale Aspekte der Bildungsarbeit mit Älteren

Ältere sind zumeist dann mit beruflichen Bildungsmaßnahmen konfrontiert, wenn sie sich als Arbeitnehmer in einer *tendenziell krisenhaften Lebenssituation* befinden, d. h. entweder die Bedrohung des eigenen Arbeitsplatzes befürchten oder einen Arbeitsplatzverlust bereits erleiden müssen. Diese belastende biographische Phase verschärft die bisher angesprochenen Lernprobleme: Die Perspektive des Kursbesuchs ist Abwendung von drohendem oder Umgang mit eingetretenem Schaden – eine alles andere als lernförderliche Situation:

- Dass gerade ältere Arbeitslose vergleichsweise große Schwierigkeiten haben, wieder in Arbeit zu kommen, ist den Betroffenen natürlich bekannt. Gefahr oder Realität der Entlassung eröffnen die bedrückende Perspektive endgültigen *„Ausgemustertwerdens"*.
- Gerade bei älteren Arbeitnehmern ist die Identifikation mit dem eigenen Betrieb und dem vertrauten Tätigkeitsbereich meist groß. Arbeitsplatzverlust bedeutet auch Verlust eines wesentlichen struktur- und sinngebenden Elements der eigenen Lebensgestaltung – auch Ausschluss von sozialen Bezügen. Folge ist oft ein Gefühl der *Entwurzelung.*
- Das Schicksal der Arbeitslosigkeit verbindet sich subjektiv – vor allem bei schlechten Wiedereinstellungschancen – vielfach mit einem Gefühl des *Ausgeliefertseins.* Gerade unverschuldete, bloß „erlittene" Problemlagen werden von den Betroffenen oft als besonders schwer erträglich empfunden.

Innerhalb von Qualifizierungsmaßnahmen kann sich diese komplexe Problemlage auf sehr unterschiedliche Weise geltend machen:

- Die skeptische Sicht eigener Eingriffsmöglichkeiten kann sich in eine extrem pessimistische Beurteilung sowohl der Qualifizierungsmaßnahme selbst als auch der durch sie eröffneten Chancen übersetzen: Es „nützt ja doch nichts", wieder die Anstrengung erneuten Lernens auf sich zu nehmen. Man hat seinen Arbeitsplatz verloren, obwohl man „immer seine Arbeit gemacht hat". Was soll da – ausgerechnet – das Engagement auf einem Feld nützen, auf dem man sich seit Jahren oder gar Jahrzehnten nicht betätigt hat?
- Versagensängste, die aus der biographischen Krisensituation herrühren, können dazu führen, dass gegenüber dem Qualifizierungsvorhaben von vornherein eine Verweigerungshaltung eingenommen wird. Man lässt sich gar nicht erst auf den Stoff ein – und versagt dann (und zwar deshalb!) tatsächlich.
- Umgekehrt kann der Fortbildungsmaßnahme auch ein zu hoher Stellenwert beigemessen werden: Das Gefühl, so etwas wie eine „letzte Chance" erhalten zu haben, führt dann zu überzogenen Ansprüchen an die eigene Leistung, so dass stressfreies Lernen unmöglich wird.
- Die Problemsituation Arbeitslosigkeit hat zudem auch eine ganz pragmatische Seite: Ämtergänge sind zu erledigen, Notwendigkeiten des alltäglichen Lebens neu zu organisieren; schon die Unterrichtsräume des Bildungsträgers oder eine Praktikumsfirma zu erreichen, kann mit einigen Schwierigkeiten verbunden sein. All diese Belastungen der Umstellungsphase müssen ernst genommen und auch in der Kursorganisation berücksichtigt werden.

Lehrende sollten deshalb gemeinsam mit den Teilnehmern eine realistische Sicht der Lebenssituation und der sich bietenden Verhaltensperspektiven erarbeiten. Auch hierbei ist individualisierend vorzugehen. Die Lebenslage „Arbeitslosigkeit" ist z. B. den Angehörigen verschiedener Berufsgruppen in verschiedenem Maße vertraut. Das bleibt nicht ohne Folgen für subjektive Einschätzungen und Bewältigungsstrategien:

- Wer während seiner Berufsbiographie sporadisch oder gar periodisch mit Phasen der Arbeitslosigkeit rechnen und zurechtkommen musste, zeigt vielleicht zunächst auch dann ein Krisenbewusstsein, wenn sich der Übergang in die Langzeitarbeitslosigkeit ankündigt. Es besteht die Gefahr, dass Handlungsbedarf übersehen wird.
- Wer dagegen nach jahre- oder womöglich jahrzehntelanger Tätigkeit am selben Arbeitsplatz arbeitslos wird – etwa wegen Betriebsschließung –, kann dies als traumatisches Erlebnis empfinden. Dies kann zunächst eine lähmende Wirkung haben.

Als Leitlinie zur Förderung einer realitätsnahen Beurteilung der eigenen Lebenssituation können dabei folgende Überlegungen dienen:

- Zwar gerät man in die Arbeitslosigkeit (in den meisten Fällen) unverschuldet. Dies heißt jedoch nicht, dass man durch Weiterqualifikation nicht *Voraussetzungen* für die Verbesserung seiner Arbeitsmarktchancen schaffen könnte. Solche qualifikatorischen Anstrengungen sind sicher keine Erfolgsgarantien, unter den Bedingungen eines zunehmend auch auf Ältere verwiesenen Arbeitsmarkts stellen sie aber immerhin eine realistische Option dar.
- Glaubwürdigkeit gewinnt die Position des Bildungsträgers insbesondere dann, wenn das Curriculum (siehe auch Abschnitt 4) auf einer differenzierten regionalen Arbeitsmarktanalyse beruht, wenn also zielgenau mit Blick auf den regionalen Bedarf qualifiziert wird. Entsprechende Überlegungen müssen also nicht nur überhaupt angestellt werden (dies ist die erste Voraussetzung für die Erstellung eines seriösen Curriculums); sie müssen den Teilnehmern auch bekannt gemacht und erläutert werden.

Als Zwischenfazit ist festzuhalten: Unabdingbare Voraussetzung einer stabilen Lernmotivation ist, dass die Teilnehmer weder in der resignativen Haltung des „Man kann ja doch nichts machen" verharren noch sich in einen realitätsfremden Optimismus flüchten, der schließlich umso sicherer in die Enttäuschung führen muss. Wenn Teilnehmer durch eine resignative Grundhaltung auffallen, kann dies aber nicht einfach im Namen des „Vorwärtskommens im Stoff" ignoriert werden. Haltlose Versprechungen, die sich letztlich nicht einlösen lassen, sind umgekehrt jedoch ebenfalls kontraproduktiv.

Vorhandene Verunsicherungen können dadurch verstärkt werden, dass die Teilnehmer den Eindruck gewinnen, an einem starren Anforderungskatalog gemessen zu werden, vor dem sie nicht zu bestehen vermögen. Ob sie mit Inhalten konfrontiert werden sollten, zu denen sie aufgrund ihrer Neigungen und ihrer Vorbildung nur mit Mühe Zugang finden, ist einzig und allein eine Frage der *Zweckmäßigkeit.*

Praktische Schwierigkeiten, die sich in Zusammenhang mit dem Kursbesuch ergeben, sollten möglichst früh bei den Teilnehmern erfragt werden. Gelingt es, der Entstehung von Problemen schon im Vorfeld entgegenzuwirken, ist dies *auch* psychologisch bedeutsam. Stressfreies Lernen wird möglich.

Befinden sich die Adressaten der Maßnahme in einer kritischen Lebenssituation, kommt dem emotionalen Faktor schließlich eine besondere Bedeutung zu:

- Sensibilität für Probleme im psychischen Bereich ist schon bei der organisatorischen Vorbereitung eines Kurses erforderlich. Die Teilnehmerzusammenstellung muss nicht nur fachlich „stimmen“. Im Extremfall wären psychologische oder sozialpädagogische Interventionen vorzuschalten.
- Dozenten und Ausbilder dürfen die Teilnehmer auf keinen Fall in einer Weise am „schnellen Lernerfolg“ messen, dass dies für ihr Selbstwertgefühl bedrohlich werden kann.
- Wo Teilnehmer an sich selbst zu hohe Ansprüche stellen, ist in angemessener Weise zu intervenieren.

3. Die so genannte „Theoriefeindlichkeit“ Älterer: pädagogische Aspekte (1)

Während jüngere Lernende sich noch eher am Modell schulischen „Vorratslernens“ zu orientieren scheinen und bereit sind, Lernleistungen zu erbringen, ohne jeweils im Einzelnen nach dem konkreten Nutzen zu fragen, wollen Ältere dagegen – zumal wo es um Berufsbildung geht – vielfach wissen,

- wie sich das zu Lernende in ihre – ja längst in den wesentlichen Zügen fixierte – Lebensplanung einfügt;
- ob sie von den erworbenen Kenntnissen und Fertigkeiten in absehbarer Zeit Gebrauch machen können.

Das Wissen darum, dass es mit begrenzter Zeit sinnvoll umzugehen gilt, führt zu einer prüfenden, kritischen Haltung möglichen Bildungsinhalten gegenüber, die mit einer prinzipiellen und gar „altersbedingten Theoriefeindlichkeit“ nicht zu verwechseln ist und den Intentionen arbeitsmarktgerechter Qualifizierungsmaßnahmen durchaus entgegenkommt. Sie ist der Sache nach ernst zu nehmen.

Anpassungsqualifizierungen für ältere Arbeitnehmer sollten – ausgehend von den sorgfältig erhobenen *vorhandenen* Qualifikationen – Kenntnisse und Fähigkeiten der Teilnehmer im Interesse erweiterter Einsetzbarkeit theoretisch unterfüttern und behutsam erweitern. Die Inhalte und Theorieeinheiten sind in diesem Sinne zu Beginn des Kurses detailliert zu begründen und zu erläutern.

Das betrifft insbesondere auch die „Unterweisungstiefe", also die Frage, *wie weit* bei der Abhandlung eines Gegenstandsbereichs sinnvollerweise zu den theoretischen Grundlagen vorzudringen ist, wenn Teilnehmern realistische Arbeitsmarktchancen eröffnet werden sollen.

- Manchmal wird die bloße *Kenntnis* eines Geräts, technischen Verfahrens etc. genügen;
- ein andermal werden Handhaber-Fertigkeiten erforderlich sein, die sich mit einem Einblick in Aufbau und grundlegende Funktionsweisen des verwendeten Geräts, Eigenschaften des bearbeiteten Materials etc. verbinden;
- und manchmal wird es auf den Erwerb von Handlungssouveränität und automatisierter Problemlösekompetenz ankommen, die das *vertiefte Verständnis* eines Gegenstandsbereichs voraussetzen.

Werden die Möglichkeiten der Teilnehmer im *Curriculum* (siehe den folgenden Abschnitt) ebenso berücksichtigt wie die aktuellen Arbeitsmarktanforderungen, kann der Eindruck der „Beschäftigungstherapie", eines sinnleeren Theorietreibens um der Theorie willen, gar nicht erst entstehen.

Als Zwischenergebnis kann festgehalten werden: Es darf auf keinen Fall der Eindruck erweckt werden, Qualifikationsprofile sollten innerhalb einer vergleichsweise kurzen berufsbildenden Maßnahme grundlegend verändert werden. Dies könnte nur unrealistisch und abschreckend wirken.

Verstehen sich Repräsentanten des Bildungsträgers dagegen als fachlich kompetente Vermittler zwischen Anbietern und Nachfragern auf dem Arbeitsmarkt, bemühen sie sich darüber hinaus, den Lernenden gegenüber *das Prinzip pragmatischer Auswahl theoretischer Inhalte* auch argumentativ zu vertreten, sind beste Voraussetzungen für eine motivierte Mitarbeit geschaffen.

4. Gestaltungselemente von Curricula für ältere Arbeitnehmer: pädagogische Aspekte (2)

Ältere Arbeitnehmer sind Erwachsene, die expliziten „Lernsituationen" schon längere Zeit entwöhnt sind und die Aneignung neuer Kenntnisse und Fertigkeiten während ihrer Berufstätigkeit in erster Linie als Auf- und Ausbau von *Erfahrungswissen* kennen gelernt haben. Darüber hinaus führt der Umstand bzw. die Perspektive der Arbeitslosigkeit in Verbindung mit allgemein eher niedrigen Arbeitsmarktchancen für Ältere bei den betroffenen nicht selten zu der Auffassung, dass Weiterbildung sich für sie sowieso „nicht lohnt".

Aufgrund dieser allgemeinen kognitiven und motivationalen Voraussetzungen, mit denen ältere Arbeitnehmer in Bildungsmaßnahmen eintreten, lassen sich einige *grundlegende Leitlinien* der Weiterbildung Älterer angeben:

- In erster Linie bewährt es sich bei der Vermittlung neuer Lerninhalte, an der *bisherigen Berufspraxis* der Teilnehmer und ihren darin gesammelten Erfahrungen anzusetzen. Nimmt man das Erfahrungswissen der Teilnehmer ernst und baut es in neue Überlegungen ein, sind sie nicht nur unvertrauten Problemlösungsstrategien gegenüber aufgeschlossen, sondern entdecken erst selbst, welche Voraussetzungen für neue Herangehensweisen sie bereits mitbringen.
- Zweitens ist es wichtig, die Teilnehmer *eher in die Breite statt in die Tiefe* zu qualifizieren. Der spezialisierte Einsatz an taylorisierten, vereinseitigten Arbeitsplätzen ist es ja gerade, der die Betroffenen im Zuge von Produktionsumstellungen, der Einführung neuer Maschinen und neuer Arbeitstechniken mit Arbeitslosigkeit bedroht. Diese berufliche Spezialbildung noch auszubauen, wäre also angesichts der Rationalisierungstendenzen in industriellen Großbetrieben sowieso eine Sackgasse. Bei den kleinen und mittleren Unternehmen, die erfahrungsgemäß eher zur Weiter- bzw. Neubeschäftigung älterer Mitarbeiter bereit sind, ist dagegen ein umgekehrter Sachverhalt anzutreffen. Unsere Betriebskontakte ergaben hier immer wieder, dass als Folge der von vornherein geringen innerbetrieblichen Arbeitsteilung Berufserfahrene gerade nicht wegen eines rasch wieder überholten Spezialistentums, sondern aufgrund ihres technischen und organisatorischen „Überblickswissens", d. h. eines Wissens über Arbeitsabläufe und Arbeitszusammenhänge im Betrieb, geschätzt werden. Auf die Vermittlungschancen am Arbeitsmarkt bezogen, ist es deshalb sinnvoller, an der bisherigen Berufspraxis nicht in Richtung einer weiteren Vereinseitigung anzuknüpfen, sondern in ihr stattdessen die Elemente aufzuspüren und vom speziell Fachlichen zu trennen, die als allgemeine Grundqualifikationen für eine Vielzahl fachlich verwandter Arbeitsaufgaben gelten können (z. B. Organisationswissen, Wissen über Arbeitsabläufe, Überblick über Einsatzmöglichkeiten der EDV, im gewerblich-technischen Bereich auch allgemeine Grundlagen des Prüfens und Messens und dgl.).

- Außerdem hat es sich als vorteilhaft erwiesen, bei der Lehrgangsplanung bewusst die Gegebenheiten und Möglichkeiten des *regionalen Arbeitsmarkts* zum Ausgangspunkt zu nehmen. Der enge Kontakt zu den regionalen Betrieben und die Kenntnis ihres spezifischen Arbeitskräftebedarfs ermöglichten es, dass den Teilnehmern die Verwertbarkeit der in den Weiterbildungsmaßnahmen vermittelten Qualifikationen nicht nur abstrakt, sondern auch auf konkrete Berufsperspektiven bezogen klargemacht werden konnte. Eine große Rolle spielten dabei die in Zusammenarbeit mit den Betrieben durchgeführten Praktika, die Bestandteile der Lehrgänge waren.
- Schließlich ist neben der Selbstverständlichkeit des Einsatzes geeigneter, d. h. *alters- und zielgruppenbezogener Lehrmethoden* auch der *Zeitaspekt* der Weiterbildungsmaßnahmen hervorzuheben. Wer als Arbeitnehmer, der nach langjähriger Berufspraxis von betrieblichen Umstrukturierungen betroffen ist, nicht den Weg des völligen beruflichen Neueinstiegs über eine zwei- bis dreijährige Umschulung gehen will, wird eine befristete Weiterbildung mit wenig Praxisverlust in der Regel vorziehen. Zudem ist die Verbindung zum Berufsleben, d. h. eine Begrenzung der „isolierten" Ausbildungssituation, für die Aufrechterhaltung der Motivation der Teilnehmer wie für ihre Vermittlungschancen am Arbeitsmarkt von wesentlicher Bedeutung. Die Lehrgangsdauer sollte deshalb relativ kurz gehalten werden; die von uns angebotenen Kurse waren etwas mehr als halbjährig.

Der geforderte Zielgruppenbezug bei der Auswahl von Lehrmethoden bedeutet, sich in der Gestaltung entsprechender Lehrgänge an Charakteristika des Lernens Berufserfahrener zu orientieren. Spezifische Berufsbiographien – vor allem die Herkunft aus tayloristischen Arbeitszusammenhängen – geben über die Merkmale der allgemeinen Erwachsenen- bzw. Weiterbildungsdidaktik hinaus zu besonderer Sorgfalt in der Aufbereitung eines Lehrgangs Anlass. Die Kluft zwischen den alltäglichen Erfahrungen sehr spezialisierter Abläufe und der angestrebten Vermittlung bzw. Aneignung allgemeinen Transferwissens gibt der Anknüpfung des Lernens an die praktische Aufgabenbewältigung einen besonders hohen Stellenwert und führt umgekehrt, wenn dieser Sachverhalt nicht berücksichtigt wird, zu besonders deutlichen „Lernblockaden".

Das Lernverhalten berufserfahrener Arbeitnehmer kann wie folgt zusammengefasst werden:

- In der beruflichen Praxis wird, anders als in der schulischen Ausbildung und z. T. noch in der beruflichen Erstausbildung, neues Wissen in der Regel nicht vom Allgemeinen hin zur speziellen Anwendung gelernt. Im Vordergrund stehen nicht zusammenfassende Theorien oder allgemeine, wenn auch fachbezogene „Grundbegriffe", sondern bestimmte Arbeitsaufgaben und deren Lösung. Daraus ergibt sich ein spezifischer *aufgaben- und fallbezogener Lernstil*: Neue Kenntnisse und Fertigkeiten werden im Kontext konkreter Arbeitsanforderungen und Problemlösungen erworben. Das heißt, der Lernfortschritt findet vom Speziellen zum Allgemeinen hin statt, wobei der allgemeine Charakter des neu gewonnenen Wissens – also auch seine Anwendbarkeit auf praktisch noch nicht aufgetretene Problemstellungen – nicht oder nur in Ausnahmefällen gewusst werden muss.

- Mit der Aufgaben- und Fallbezogenheit des berufspraktischen Wissenserwerbs hängt die Orientierung des Lernens Älterer an *Praxisbezug und Anschaulichkeit* des Lernstoffs unmittelbar zusammen. Erwachsene lernen eben nicht „auf Vorrat"; sie lernen in ganz konkreten Praxisbezügen, die ihren Nutzen und Ziel neuer Wissensinhalte verständlich und anschaulich machen und aus denen sie auch ihre Lernmotivation beziehen.
- Wie bereits oben erwähnt, ist ferner der soziale Kontext- und Statusbezug nicht zu unterschätzen, innerhalb dessen neue Lernprozesse bei Berufserfahrenen stattfinden. Hierbei handelt es sich natürlich nicht um einen „Lernstil", wohl aber um eine Einordnung von Lernsituationen in die Lebens- und Berufsbiographie der Betroffenen, die für die Akzeptanz von Weiterbildungsmaßnahmen und die dazugehörige Motivation entscheidend ist. Die Empfindung des beruflichen Kontextverlusts und einer Bedrohung des erreichten Status, die sich auch schon mit der gefährdeten beruflichen Zukunft einstellt, darf in Lehrgängen nicht noch verstärkt werden, wo die Teilnehmer sich ohnehin in einer für sie ungewohnten Rolle wiederfinden.

Was die *Lernziele* angeht, an denen sich die Weiterbildung älterer Industriearbeitnehmer orientieren sollte, lassen sich zwei Hauptgruppen unterscheiden:

- Einerseits ist zur Erhöhung der Arbeitsmarktchancen durchaus der *Erwerb bzw. die Aktivierung von Fachwissen* erfordert. Dabei ist aus den schon angegebenen Gründen nicht eine Vertiefung der beruflichen Spezialbildung anzustreben, sondern – je nach beruflicher Vorbildung und Erfahrung – der Erwerb bzw. die (Re-) Aktivierung fachlicher Grundlagenkenntnisse. Weiterbildung hat hier die Aufgabe, fachlich-allgemeines Grundwissen entweder an einfachen Arbeitsprozessen neu zu erarbeiten oder aus dem strukturierten Nachvollzug vertrauter Tätigkeiten heraus bewusst zu machen.
- Andererseits geht es um den *Erwerb von berufsübergreifenden Schlüsselqualifikationen*, die in der bisherigen beruflichen Stellung nicht oder nicht ausdrücklich verlangt waren, die an modernen Arbeitsplätzen aber zunehmend erwartet werden. Teilnehmerzentrierte Unterrichtsgestaltung, also Teamarbeit bei der Erarbeitung des Lernstoffs, und der Umstand, dass die Teilnehmer dazu angeregt werden, sich anhand konkreter Problemstellungen über ihr bisheriges erfahrungsgeleitetes Vorgehen austauschen, tragen in beiden Fällen zur Entwicklung der gewünschten sozialen Kompetenzen bei.

Dass die Umsetzung der angegebenen Lernziele in *Techniken der Unterrichtsgestaltung* den Charakteristika des Lernens Berufserfahrener auf neue berufliche Anforderungen angepasst sein sollte, wurde bereits als Grundorientierung angesprochen. Diese Orientierung führt zu drei wesentlichen Schlussfolgerungen für die Lehrgangsplanung:

- Dem Erfahrungslernen als eingeübtem, fall- und praxisbezogenem Lernstil Älterer entspricht nur eine *handlungsorientierte Gestaltung* der Unterrichtseinheiten. Solche handlungsorientierten Unterrichtsformen greifen die in bekannten Praxisbezügen vorliegenden akkumulierten Erfahrungen der Teilnehmer auf und machen sie zum Ausgangspunkt einer teilnehmer- statt dozentenorientierten „Lernspirale“: Zunächst sollte, anhand einer vom Dozenten vorgegebenen Problemstellung, von den Teilnehmern der Ist-Zustand ihnen vertrauter Handlungsstrategien zur Aufgabenbearbeitung festgestellt werden. Diesem gegebenen Ist-Zustand wird dann der Soll-Zustand der Anforderungen gegenübergestellt, wie er sich aus den anstehenden Veränderungen im beruflichen Handlungsumfeld ergibt; auch dieses „Soll“ sollten die Kursteilnehmer als nachvollziehbaren Handlungsvollzug erfahren können (z. B. durch Betriebsbesichtigungen, Medieneinsatz etc.). Der Vergleich von Soll und Ist, von bekannten und neuen Problemstellungen und -lösungen lässt dann sowohl einsichtig werden, wo an vorhandene Erfahrungen und Kompetenzen angeknüpft werden kann, als auch wo zu behebende Wissensdefizite liegen. Indem die Teilnehmer durch diesen Vergleich zu einer Problemdefinition gelangen und verschiedene Möglichkeiten der Problemlösung erarbeiten, die neuen Handlungsanforderungen analysieren und in Teilaufgaben strukturieren, machen sie sich selbst ihren Wissensbedarf klar und können vom Dozenten mit den erforderlichen Materialien und Hilfestellungen für die Bewältigung der neuen Aufgabe versorgt werden. Die Erfahrung dieser gemeinsamen Handlungsstrategie bildet dann ihrerseits den Ausgangspunkt für die nächsten Schritte in der Wissenserweiterung.
- Mit dem praxisbezogenen Erfahrungslernen geht immer auch eine Akkumulation „schweigenden“ Wissens einher, das den Betroffenen entweder wegen seiner routinemäßigen Verfügbarkeit und Einbettung in bestimmte Handlungsbezüge gar nicht als solches bewusst ist oder dort, wo es ausdrücklich gefragt wäre, von ihnen für „trivial“ gehalten und deswegen nicht artikuliert wird. Die *Verbalisierung* latenten Wissens ist daher ein wesentlicher Bestandteil der anzustrebenden Unterrichtsgestaltung. Das bedeutet nicht nur das Herauskristallisieren bestimmter Berufserfahrungen in einer Form, dass an sie in Richtung einer Verallgemeinerung und Systematisierung angeknüpft werden kann; es bedeutet ebenso die Förderung sozial-kommunikativer Schlüsselkompetenzen.

Um eine möglichst gleichmäßige Beteiligung der Teilnehmer an der Weiterbildungsmaßnahme zu erreichen, empfiehlt es sich, weitgehend homogene Kurse zusammenzustellen. Es ist daher sinnvoll, die Kursteilnehmer beim Setzen *thematischer Schwerpunkte* nach An- und Ungelernten und qualifizierten Facharbeitern zu unterscheiden.

Aufgrund der geringen Vorkenntnisse bei *An- und Ungelernten*, ihrer vergleichsweise großen „Lernentwöhnung" sowie der großen Rolle, die der Weckung und Erhaltung der Lernmotivation bei dieser Gruppe zukommt, sollte der Lernstoff auf solche Themen eingegrenzt werden, die auch ohne Vorqualifikation selbstständig erarbeitet werden können und deren Sinnbezug auf mögliche Arbeitstätigkeiten den Teilnehmern unmittelbar fasslich ist. Dazu gehören insbesondere:

- die Grundlagen des Prüfens und Messens. Der sachgerechte und exakte Umgang mit Prüfmitteln ist für alle Metallberufe wichtig und kann auch leicht auf andere technische Berufe übertragen werden. Zudem wird dabei als fach- und berufsübergreifende Grundqualifikation Sorgfalt und Genauigkeit in der Arbeitsausführung gelernt;
- das richtige Lesen einer Fachzeichnung, um sich ein Bild vom verlangten Arbeitsauftrag, dem eingesetzten Werkzeug (bzw. der Maschine) und den nötigen Arbeitsschritten machen zu können. Auch diese Fähigkeit ist eine Voraussetzung für die verschiedensten technischen Berufe.
- Daneben sollten je nach Lehrgangsfortschritt auch grundlegende Inhalte thematisiert werden wie Werkstoffkunde in Ansätzen, Kenntnis der verschiedenen Werkzeuge und Prüfmittel sowie ihrer Materialbezogenheit, elementare Bearbeitungstechniken (Biegen, Scheren, Nieten, Schweißen, Drehen, Bohren etc.) und, in Grundzügen, auch Elemente der technischen Kommunikation (Normschrift beherrschen, Kreis ziehen).

Bei *Facharbeitern* stellt sich die Sachlage anders dar. Im Gegensatz zu den an- und ungelernten Lehrgangsteilnehmern steht bei ihnen nicht das Nachholen von Grundkenntnissen, sondern die *Beherrschung* fachübergreifender Grundtechniken (was Kenntnisse, Fertigkeiten und die Vertrautheit mit bestimmten Arbeitsaufgaben voraussetzt und verzahnt) im Vordergrund. Das bedeutet:

- Auf dem Gebiet des Prüfens und Messens sollten diese Teilnehmer z. B. den Umgang mit Messmaschinen, evtl. 3-D-Messmaschinen, üben, um ihre vorhandenen Kenntnisse auf neue technische Verfahren übertragen zu lernen.
- Auch Werkstoffkunde und ISO-Passungen sind geeignete Lerninhalte für Facharbeiter, da sie den entsprechenden Stoff zwar schon einmal gelernt, aufgrund der beruflichen Routine aber wieder vergessen bzw. nicht ohne weiteres präsent haben. Obwohl sie daher Zusammenhangswissen im Rahmen bestimmter Aufga-

benstellungen durchaus anwenden mögen, ist es ihnen nicht bewusst und bei neuen, bisher nicht eingespielten Aufgaben auch nicht verfügbar.

- Darüber hinaus kommen hier fortgeschrittenere Inhalte in Frage wie Grundlagen der Hydraulik und Pneumatik, Grundlagen der NC- und CNC-Technik und gegebenenfalls Grundlagen der Elektrotechnik.

5. Vorbereitung von Dozenten auf Bildungsmaßnahmen für ältere Arbeitnehmer

Gerade für den Erfolg einer didaktischen Grundorientierung, die auf die Teilnehmer und deren selbstständige Mitarbeit setzt, ist eine spezifische Methoden- und Fachkompetenz des Dozenten ausschlaggebend:

- Der Dozent muss in der Lage sein, im Unterricht als *Moderator* zu wirken. Das heißt auf der einen Seite, den Lehrgang nicht vortragsbestimmt „verschult" zu gestalten, sondern sich als Lehrenden zurückzunehmen und den Teilnehmern Gelegenheit zu geben, die vorgestellten Probleme anhand des eigenen Erfahrungswissens zu diskutieren und selbstständig Problemlösungsstrategien zu erarbeiten. Dazu gehört es natürlich, selbst den Überblick über die Problemstruktur, die möglichen Lösungswege und die dabei denkbaren Schwierigkeiten zu haben, um gegebenenfalls Hilfestellungen anbieten und steckengebliebene Diskussionen neu anstoßen zu können. Es ist deshalb auf der anderen Seite auch nötig, dass der Dozent seinen Informationsvorsprung zielführend einsetzt und nicht wegen falsch verstandener didaktischer Überlegungen für sich behält; wer am Prinzip des „Selbstlernens" auch dort noch festhält, wo die Lernenden sich offensichtlich nur ratlos am Problem abarbeiten, wirkt genauso demotivierend wie derjenige, der den ganzen Unterricht auf sich bezieht und die Eigeninitiative der Teilnehmer damit erstickt.
- Überhaupt muss der Dozent es verstehen, den Unterricht *auf die vorhandene Qualifikation und Erfahrung der Teilnehmer abzustimmen.* Er muss also einschätzen können, was er in der Vorstellung einer Arbeitsaufgabe bei ihnen voraussetzen kann, welche Handlungsstrategien als ihnen bekannt gelten dürfen, wieweit er andererseits selbst das Sinngerüst herstellen und den Problemzusammenhang einsichtig machen muss. Dasselbe Problem stellt sich bei erforderlichen Verallgemeinerungen und der Übertragung gelernter Handlungsvollzüge auf andere Tätigkeiten bzw. Arbeitsabläufe: Hier ist vom Lehrenden zu fordern, dass er eine teilnehmeradäquate Abstraktionstiefe wählt, d. h. bei qualifizierten und motivierten Teilnehmern nicht auf mögliche Vertiefungen und anspruchsvollere Inhalte verzichtet, bei weniger qualifizierten Teilnehmern mit erkennbaren Lernschwierigkeiten aber seine Grenzen kennt.

- Zuletzt ist noch die große Rolle hervorzuheben, die gerade bei Lehrgängen mit Berufspraktikern die Fachkompetenz und Erfahrung des Dozenten spielt. Hier genügt es nicht, dass der Dozent sein Fachgebiet nur theoretisch beherrscht, weil er in mehrfacher Hinsicht als Praktiker gefragt ist: Daran hängt ganz grundsätzlich seine Anerkennung bei Älteren, sein Erfolg in der Motivation der Teilnehmer – Wie praxisnah sind die Aufgabenstellungen, z. B. in der Kenntnis erfahrungsmäßiger Fehlerquellen? – sowie seine Fähigkeit, steuernd in den Diskussionsprozess des Lehrgangs eingreifen zu können. Um die Lernmotivation der Teilnehmer und ihr Vertrauen in den Weiterbildungserfolg zu wecken, gelten diese Anforderungen in besonderem Maße für den Erstdozenten bzw. Kursleiter.

Die Dozenten der Bildungsträger hatten es bislang meist mit jüngeren, lerngeübten Teilnehmern zu tun. Vielfach wurde dabei an die Lerngewohnheiten aus dem schulischen Unterweisungsgeschehen angeknüpft, bewährte Lehrstrategien konnten weitgehend übernommen werden. Auf Unterrichtsprozesse mit älteren Lernenden sind diese Lehr- und Lernstrukturen aber nicht bruchlos übertragbar. Bildungsträger müssen die eingesetzten Dozenten deshalb auf die neue Situation vorbereiten.

Wir führten zur Vorbereitung der Dozenten auf ihre neue Aufgabe im Schulungsprozess mit älteren Kursteilnehmern einen *Workshop* durch. Die dort durchgängig eingesetzte *Metaplantechnik* wurde gewählt, um eine aktive Auseinandersetzung mit der Thematik zu fördern. Sie ist darüber hinaus gut geeignet, bereits vorhandene Kurserfahrungen mit älteren Teilnehmern zu thematisieren und gemeinsam aufzuarbeiten.

Die Zahl der Workshopteilnehmer sollte dabei möglichst klein gehalten werden, um eine intensive Einbeziehung der bereits vorliegenden Einzelerfahrungen zu gewährleisten.

Die Thematik des Dozentenworkshops ist in sechs Teilbereiche gegliedert:

- Teil 1 gibt allgemeine Hintergrundinformationen zur Arbeitsmarktsituation und zu Qualifikationsmerkmalen der Älteren. Zielsetzung ist, die Teilnehmer für die besondere Problematik der Älteren zu sensibilisieren und ein Bewusstsein von den Schwierigkeiten zu schaffen, mit denen sie, auch in ihrer Konkurrenzsituation mit Jüngeren, auf dem Arbeitsmarkt konfrontiert sind.
- Teil 2 befasst sich mit Möglichkeiten von Bildungsträgern und Dozenten, diese Schwierigkeiten sowohl in speziellen Kursen für Ältere als auch in altersgemischten Lehrgängen aufzugreifen und möglichen Lösungen zuzuführen.
- Im dritten Teil werden kursorganisatorische und inhaltliche Kriterien von Qualifizierungsangeboten für ältere Teilnehmer, speziell solche mit Berufserfahrungen aus industriellen Großbetrieben, erarbeitet. Dies geschieht am idealtypisch konstruierten Fallbeispiel eines Arbeitslosen aus der Region.

- Anschließend werden in Teil 4 didaktisch-methodische Aspekte von älterengerechten Qualifizierungsangeboten diskutiert. Vorlage dafür ist eine Unterrichtssequenz, die für das Fortbildungsgeschehen als typisch angesehen werden kann, für die Arbeit mit Älteren aber in vielen Punkten ungeeignet ist.
- Der fünfte Teil beschäftigt sich mit dem Problemfeld „ältere Lehrgangsteilnehmer und Betriebe“ im Allgemeinen und mit der Problematik betrieblicher Praktika älterer Lehrgangsteilnehmer im Besonderen.
- Im sechsten und abschließenden Teil zieht jeder Workshopteilnehmer sein eigenes Resümee. Die Teilnehmer halten fest, in welchen Bereichen sie persönlich Handlungsansätze in der täglichen Praxis des Umgangs mit älteren Kursteilnehmern sehen.

6. Verbesserung der Wiedereingliederungschancen älterer Arbeitnehmer durch Soziomarketingstrategien

Maßnahmen der Weiterbildung sind für ältere Arbeitnehmer meist die letzte Chance, bei innerbetrieblichen Umsetzungen weiterbeschäftigt zu werden oder nach Entlassungen einen neuen Arbeitsplatz zu finden. Daher spielt bei Älteren der konkrete Verwertungsbezug der in der Ausbildung vermittelten Inhalte eine weitaus größere Rolle als bei Jüngeren: Während sich die berufliche Erstausbildung und die Fortbildung während der Berufstätigkeit nicht notwendigerweise am Bedarf des regionalen bzw. lokalen Arbeitsmarkts orientieren, weil es hier mehr auf die Erschließung vielfältiger Berufsperspektiven ankommt, müssen Weiterbildungsangebote für Ältere das Kriterium der Bedarfsgerechtigkeit gerade in den Mittelpunkt stellen.

Das bedeutet zweierlei.
Zum einen sollte die Personalpolitik vor allem der kleinen und mittleren Unternehmen, die als regionalisierte Ansprechpartner besonders in Frage kommen und überdies einen kontinuierlichen Fachkräftebedarf aufweisen, die mögliche Verwertung der vorhandenen Berufserfahrungen älterer Arbeitnehmer als positive Bezugsgröße behandeln. Anknüpfungspunkt bei Stellenbewerbungen bzw. Einstellungen wären damit nicht (mehr) Kategorien wie „Alter“ und „altersbedingte Leistungsfähigkeit“ der Bewerber schlechthin, sondern ein bestimmter Qualifikationsbedarf der zu besetzenden Arbeitsplätze und die Klärung, durch welche Zusatzqualifikationen gegebenes Erfahrungswissen zur Deckung dieses Bedarfs nutzbar gemacht werden kann.

Zum anderen müssten sich auch die älteren Bewerber darüber Rechenschaft ablegen, auf welchen Gebieten sie über praktisch eingeübtes und unmittelbar verwertbares Wissen verfügen und wo vor dem Hintergrund eines durch ein bestimmtes Arbeitsplatzangebot vorgegebenen Anforderungsprofils die Verwertbarkeit ihrer

Kenntnisse und Fertigkeiten durch Bildungsmaßnahmen erst noch hergestellt werden muss. Diese Klärung wäre nicht nur ein Beitrag zur Überwindung der analog zu den Betrieben auch bei den betroffenen Arbeitnehmern oft anzutreffenden Skepsis gegenüber der eigenen, abstrakt gesehenen Leistungsfähigkeit, sondern ein unmittelbar „berufsvorbereitender" Schritt. In dem Sinne nämlich, dass die Einsetzbarkeit Älterer nicht länger als theoretisches Problem der Altersabhängigkeit von Leistungen, sondern als praktische Frage des bedarfsgerechten Ausbaus vorhandenen Berufswissens aufgeworfen würde:

Die Abstimmung zwischen den Betrieben und den Teilnehmern an Weiterbildungsmaßnahmen, zwischen Stellenangebot (und entsprechendem Qualifikationsbedarf) und Berufserfahrung der Teilnehmer (und der notwendigen Vertiefung bzw. Erweiterung des darin enthaltenen Wissens) ist daher eine wesentliche Aufgabe für die Träger der Weiterbildung.

Diese Aufgabe wird praktisch dadurch angegangen, dass betriebliche Praktika fester Bestandteil der Weiterbildungsmaßnahmen sind. Diese Praktika stellen den Kontakt zwischen Betrieben und Lehrgangsteilnehmern her und ermöglichen eine wechselseitige Einschätzung. Wie die Betriebe sich ein Bild von den konkreten Fähigkeiten der Kursteilnehmer machen können, lernen auch diese die Anforderungen moderner Arbeitsplätze kennen, können sie mit ihren vorhandenen Qualifikationen vergleichen und daraus einen individuellen Lernbedarf entnehmen.

Zur optimalen Gestaltung dieser Betriebspraktika ist es allerdings nötig, sie nicht im Trial-and-Error-Verfahren durchzuführen, d. h. einen vorher nicht näher bestimmten Qualifikationsbedarf der Betriebe und gewissermaßen „ins Blaue hinein" ausgebildete Kursteilnehmer aufeinandertreffen zu lassen. Die Erfahrung mit bereits durchgeführten Praktika zeigt, dass der gewünschte Effekt – die Koordination betrieblicher Überlegungen zur Stellenbesetzung mit der inhaltlichen Ausfüllung der Weiterbildung – wesentlich leichter zu erreichen ist, wenn betriebliche Anforderungen bzw. Erwartungen einerseits, gegebene Voraussetzungen bzw. Möglichkeiten der Kursteilnehmer andererseits in der Durchführung der Bildungsmaßnahme *selbstständig abgeklärt* und erkennbare Diskrepanzen *gezielt angegangen* werden.

Diesem Zweck dient der Einsatz von Instrumenten zur Betriebs-, Teilnehmer- und Dozentenbefragung, wie sie in Modellversuchen des bfz mit gutem Erfolg angewandt wurden. Vor der Behandlung einzelner Instrumente sollte also klar sein, dass mit solchen Erhebungen keineswegs rein statistische Zielsetzungen verfolgt werden – die angesichts der geringen Größe der Bezugsgruppen ohnehin fragwürdig wären –, weil vielmehr der praktische Gesichtspunkt der Abstimmung zwischen Betrieben und Kursteilnehmern im Mittelpunkt steht.

Es geht also darum,

- bei der Erhebung betrieblicher Anforderungen und Selektionskriterien einen Kommunikationsprozess zwischen Unternehmen und Bildungsträgern zu initiieren, um zur Erarbeitung gemeinsamer Problemlösungen im Feld „Beschäftigung älterer Arbeitnehmer" beizutragen;
- bei der Erhebung der Qualifikationen der Kursteilnehmer, ihrer Erwartungen und ihrer Bewertung des Lehrgangsverlaufs die spezifizierten Erfahrungen der Teilnehmer für eine bessere verwertungsorientierte Gestaltung der Unterrichtseinheiten heranzuziehen;
- sowie dieses Ziel durch eine begleitende Einschätzung der Dozenten, was die Zusammensetzung der Teilnehmergruppen und den Lehrgangserfolg angeht, zu unterstützen.

Wir konnten die Erfahrung machen, dass ein kontinuierlicher Kontakt zu den Betrieben der Region – mit Unterstützung der ausgewerteten Befragungsaktionen – nicht nur auf der Seite der Betriebe und der Teilnehmer unserer Lehrgänge manches Vorurteil ausräumen konnte, sondern auch die konzeptionelle Arbeit bei der Planung entsprechender Kurse wesentlich beeinflusste und zur Modifikation einzelner Schwerpunkte beitrug. Insofern wäre auch die Einbeziehung von Kammern und Verbänden in den laufenden Erfahrungsaustausch wünschenswert, um zu einer Verallgemeinerung der gesammelten Erkenntnisse beizutragen.

7. Einsatz regionaler Betriebsbefragungen

Zur angestrebten (Re-)Integration älterer Arbeitnehmer ins Berufsleben ist es nötig, in der Kontaktaufnahme zwischen Bildungsträgern und Betrieben (vor allem den regionalen KMU) zunächst eine *kooperative Analyse des entsprechenden Bildungsbedarfs* einzuleiten.

Dazu gehört erstens die Erhebung

- der Kriterien, welche die Betriebe bei der Einstellung neuer Bewerber überhaupt zugrunde legen,
- wie auch der Unterschiede, die nach Ansicht der betrieblichen Personalverantwortlichen hinsichtlich der Erfüllung dieser Kriterien zwischen älteren und jüngeren Arbeitnehmern bestehen.

Die hierin zutage tretenden Urteile können dann zweitens aufgeschlüsselt werden in

- sachliche Qualifikations- bzw. Kompetenzdefizite Älterer, die durch gezielte Weiterbildung zu beheben sind,
- feststellbare Stärken im Kompetenzprofil Älterer, die als Orientierung für Strategien des Soziomarketing zur vermehrten Beschäftigung dieser Arbeitnehmergruppe herangezogen werden können, sowie
- betriebliche Vor- bzw. Fehlurteile, die der Einstellung Älterer unnötigerweise entgegenstehen.

Die Erhebung und Auswertung der betrieblichen Daten zur Einstellungspraxis ermöglicht, dann in einem nächsten Schritt eine verbesserte Kommunikation zwischen Bildungsträger und Betrieben, die Ansatzpunkte der Einstellungsmöglichkeiten Älterer aufzeigt und der Durchführung betrieblicher Praktika – die den Betrieben ein besseres Kennenlernen potenzieller Bewerber und eine Überprüfung ihrer allgemeinen Einschätzung erlauben – zugute kommt.

Über die Einstellungspraxis der Betriebe gibt zunächst der Stellenwert Auskunft, der nach Ansicht der Personalverantwortlichen verschiedenen *Informationsquellen* bei der Einstellung neuer Mitarbeiter zukommt. Im Rahmen unserer Fragestellung besonders interessant ist dabei der Vergleich „formaler" Informationen wie z. B. Ausbildungszeugnissen und „persönlicher" Informationen, die sich z. B. bei einem Bewerbungsgespräch ergeben.

Die Befragungsaktion gibt Personalleitern die Gelegenheit zur Gewichtung der Informationsquellen, die bei Neueinstellungen herangezogen werden. Dabei wird sich oft herausstellen, dass formale Kriterien wie Bildungsabschlüsse – bei denen Jüngere im Allgemeinen besser abschneiden – in der konkreten Einstellungspraxis gar nicht so hoch bewertet werden, wie das abwertende Urteil der größeren „Bildungsferne" Älterer suggeriert.

Da angenommen werden kann, dass gerade bei älteren Bewerbern die schon länger zurückliegenden Schul- und Berufsabschlüsse für eine Einstellung weniger ausschlaggebend sein werden, sollten mit den Betrieben die Möglichkeiten individualisierter Informationsbeschaffung durchgegangen und problematisiert werden. Die Teilnahme der Bewerber an betriebsinternen Praktika böte dabei die beste Chance zum persönlichen Kennenlernen und zur Absicherung der durch formale Qualifikationen und Vorstellungsgespräche gewonnenen Eindrücke.

Sodann ist es sinnvoll, für die Neueinstellung von Mitarbeitern wichtige fachübergreifende Kompetenzen zu erfassen. Die dezentral organisierten und funktionsintegrierten Arbeitszuschnitte in modernen Unternehmen rücken solche „Schlüsselkompetenzen" wie Planen und Entscheiden, Verantwortung übernehmen und im betrieblichen Sinne Mitdenken, Problemlösen und mit anderen Kooperieren immer mehr in den Vordergrund. Die durch die Beschäftigung der betrieblichen Personalzuständigen mit dem Fragebogen angeregte Reflexion über das Gewicht, das einzelnen solcher Kompetenzen bei Neueinstellungen jeweils zukommt, kann dazu dienen, zwei Fragen zu beantworten:

- Werden im Allgemeinen solche Fähigkeiten erwartet, die von Älteren genauso gut wie von Jüngeren oder – aufgrund des größeren beruflichen Erfahrungshorizonts – sogar besser als von Jüngeren erfüllt werden können?
- In welchen Bereichen werden bei Älteren Defizite festgestellt, also bei der Einstellung erwartete Fähigkeiten vermisst?

Die Beantwortung dieser Fragen trägt auf der Seite der Betriebe zu einer Sensibilisierung gegenüber pauschalen Vorurteilen gegen ältere Arbeitnehmer bei, indem die Erfüllung altersunabhängiger Anforderungsprofile von auf die Älteren eingegrenzten Defizitbereiche klar unterschieden wird. Für die Träger der Weiterbildung ergeben sich daraus andererseits konkrete Anhaltspunkte für die bessere Anpassung der angebotenen Lehrpläne.

Die Aufschlüsselung erwarteter „Schlüsselkompetenzen“ bei Stellenbewerbern regt dazu an, Pauschalurteile z. B. über die „Unflexibilität“ und „mangelnde Belastbarkeit“ Älterer von den betrieblichen Anforderungen her zu hinterfragen und sich den Stellenwert von Organisations- und Zusammenhangswissen bewusster zu machen, das bei Jüngeren aufgrund fehlender Erfahrungen weniger ausgeprägt ist.

ROLF RÖHRIG

Stichwort Motivation

Das Schlagwort Motivation ist so hinlänglich bekannt, dass es fast schon wie ein Gemeinplatz klingt. Weniger bekannt ist dagegen, wie eine vernünftige Motivation funktioniert. Nicht wenige Besitzer des großen Latinums benutzen die Vokabel als Synonym für die Kunst der Überredung oder Überlistung, um die „Opfer“ einer so genannten „Bildungsmaßnahme“ zu vereinnahmen. Gesellen sich dann noch ein Leittext samt Brainstorming hinzu, gilt die Teilnehmerorientierung ausweislich moderner Lehr- und Lernformen als perfekt. Dabei erfüllt diese pädagogische Leerform bestenfalls die Funktion eines leicht durchschaubaren Motivationsersatzes. Im schlechteren Fall wirkt dergleichen auf verständige und vernunftbegabte Teilnehmer demotivierend.

Grund genug, sich zu besinnen: Was ist Motivation? Wie funktioniert Motivation?

Vom Grund zum Beweg-Grund

Im Unterschied zum bloßen Wollen, das ein Ziel zum Inhalt einer Handlung bestimmt, zielt der Begriff Motivation zugleich auf die Stellung des Willens zu seiner Tätigkeit. Im positiven Fall vorhandener Motivation ist damit die Antriebsenergie bezeichnet, mit der das Subjekt sein objektives Ziel anstrebt. Nicht zu Unrecht sehen Psychologen im wirksamen Motiv mehr als den Grund einer Tat, nämlich ein *„Treibmittel der Leistung von außerordentlicher Schubkraft“*[1].

Der *Grund* eines Tuns wird im wahren Wortsinn zum *Beweg-Grund,* sobald einem Menschen Motivation bescheinigt werden darf: Sie entscheidet über das Maß, in dem das Subjekt sich mit seinem Ziel *identifiziert,* und damit über die *Energie,* mit der es seinen Erfolg sucht. Entsprechend zeichnet sich der Unmotivierte durch eine hochgradige Motiv- und daher Antriebsschwäche aus, die den Misserfolg fast sicher vorprogrammiert.

Deswegen kommt es bei jedem Handeln, also auch beim Lernen auf die Motivation so entscheidend an. Denn sie ist der Grundbaustein des Erfolgs. Weil darin ein *Mittel* des Weiterbildungserfolgs liegt, ist die Motivation zugleich immer auch *Ziel* der Bildungsanstrengungen. Denn nur in dem Maße, wie der Bildungsprozess die mo-

1 ENGELMAYER, O.: Psychologie für den schulischen Alltag. München 1960 (4. Auflage). S. 29.

tivationale Voraussetzung bei allen Beteiligten herstellt, ist sie als verfügbare Grundlage erfolgreicher Bildungsarbeit wirksam.

Vor dem Know-how steht das Know-why

Ihre antreibende Kraft beziehen Motive weniger aus dem *Was* und *Wie* des Lernprozesses als vielmehr aus dem *Warum*: Warum ist das Lernziel für den Lernenden erstrebenswert? An der Antwort auf diese Frage entscheidet sich alles. Denn der *Weg* zu einem Ziel kann gestaltet sein, wie er will; wenn das Individuum nicht vom guten Sinn des *Ziels* überzeugt ist, bleibt jedes Engagement aus. Diese Überzeugung speist sich aus drei Quellen: Interesse, Nutzen, Erfolg.[2]

Interesse, Nutzen, Erfolg: entscheidende Bezugspunkte der Motivation

Jeder Mensch ist mit *Interessen* ausgerüstet, die er durch eine Weiterbildung bedient sehen möchte. Manche lassen sich bei einem Berufswunsch nicht oder jedenfalls nicht ausschließlich von der Gehaltsgruppe leiten, sondern verfolgen *soziale Ideen*, die sie etwa im Gesundheitssektor realisieren möchten. Andere sind *Technikfans* und fühlen sich erst auf der Datenautobahn im Internet wohl.

Damit aus der Ansprache an das Interesse eine wirksame Motivation wird, muss das Individuum vom *Nutzen* des Bildungsergebnisses überzeugt sein. Denn nicht um ihrer selbst willen unterzieht sich der Mensch der Mühe des Lernens. Leistung zielt wesentlich auf den damit zu erzielenden Ertrag. Und der liegt bei der Weiterbildung Erwachsener im *Berufserfolg,* der sich damit erreichen lässt.

Schließlich kommt ein Drittes hinzu: Das lernende Subjekt muss von der *Erreichbarkeit* des für nützlich erachteten Ziels überzeugt sein. Ohne begründete Aussicht auf *Erfolg* ist ein Leistungsansporn undenkbar.

2 Vergleiche auch STRAKA, G. A. u. a.: Komplexe Lehrarrangements zur Förderung selbstgesteuerten Lernens älterer Erwerbspersonen. In: ABEL, J.: Berufliche Weiterbildung und neue Technologien. Münster, New York 1994.

Wie man besser nicht motiviert: Überlistung, falsche Versprechungen, Überredung und andere Kunstgriffe

Nicht alle, die den lateinischen Terminus im Munde führen, verstehen sich auch auf die Technik der Motivation. Abschreckende Beispiele auch aus der eigenen Schulzeit sind hinlänglich bekannt.

Stichwort „Goldhamster“: Wie oft musste dieses possierliche Tierchen im Biologieunterricht seine Rolle als Spielgefährte erfüllen, weil der Lehrer die Schulklasse auf den Stoff „Blutkreislauf von Nagern“ verpflichten wollte. Die pädagogische Kriegslist gaukelt dem Publikum vor, seine Tierliebe oder der Spieltrieb würden durch einen Unterricht bedient, der in Wahrheit die Biologie im Sinn hat.[3] Die Unredlichkeit dieser List fällt in der Regel auf den Pädagogen zurück, weil die Eleven sich ihrem angestachelten Spieleifer hingeben, statt dem Unterricht zu folgen. Schreitet die pädagogische Richtlinienkompetenz dagegen mit einem Machtwort ein, ist die Motivation am Ende. Der ganze Kunstgriff wird dann als das durchschaut, was er ist: eine Lüge, die mit einer hübschen Verpackung andere betört, um ihnen einen ganz anderen Inhalt unterzuschieben. In der Erwachsenenbildung spielen nicht selten Maschinen und praktische Modelle die Rolle des kleinen Nagers. Weil keine Überzeugungsarbeit für das *Erlernen einer Theorie* etwa über CNC-Technik und ihre Bedienung geleistet wurde, muss der vermeintlich „spannende“ Ausflug in die unbegriffene Praxis immer öfter als Ersatz dafür herhalten.

Eine andere verbreitete Unsitte besteht darin, Motivation mit *falschen Versprechungen* zu verwechseln: *„Sie haben eine große Zukunft vor sich!“* Kommen Zweifel beim Delinquenten auf, kleidet sich der grundlose Erfolgsoptimismus auch gern in die Floskel: *„Das schaffen Sie schon!“* So lässt sich das Blaue vom Himmel herunter versprechen, weil die ganze Motivation in einer *Behauptung* besteht, der jede Begründung fehlt. Das hat einen Vorteil: Weil der Satz ohne Argument auskommt, ist er nicht zu widerlegen. Ein Nachteil ist aber auch unübersehbar: Ein einleuchtendes Argument enthält dieser Motivationsversuch nicht, weil er gleich gar keines präsentiert.

Fruchtlose Versuche dieser Art münden daher in aller Regel in der Kunst der *Überredung: „Geben Sie sich doch einen Ruck!“* Auch so kann man sagen, dass man nichts zu sagen hat, was den Klienten vom Sinn und Nutzen seiner Qualifizierung überzeugen könnte. Zumindest die Schuldfrage ist für diese Art der Pädagogik komfortabel geklärt: Fehlendes Engagement fällt auf den Teilnehmer selbst zurück, der es am nötigen „Ruck“ hat fehlen lassen.

3 „Wenn ich Schüler durch Verpackung des Themas und andere Motivierungstricks zum Lernen verführe, nehme ich sie nicht als Menschen ernst, die denken können ...“ (GRELL, J. und M.: Unterrichtsrezepte. München 1979, S. 143).

Motivation heißt: Überzeugen, nicht überreden. Beweisen, nicht behaupten.

Vor jeder Qualifizierung steht die *Bereitschaft* dazu. Vorbehalte gibt es viele, die sich zudem zu einer Gewohnheit verfestigt haben können. Oft bieten Informationsveranstaltungen oder Seminare nur wenige Minuten oder Stunden, um Denkmuster aufzubrechen, die sich in vielen Jahren etabliert und behauptet haben. Diese Motivationsbarrieren gilt es zunächst zu ermitteln, bevor man sich an ihre Beseitigung machen kann. Was hält ganz speziell dieses Individuum davon ab, sich einer Weiterbildungsmaßnahme anzuschließen? Erst die Kenntnis der *adressatenspezifischen Einwände* und Vorurteile macht den Weg für eine Erfolg versprechende Motivationsarbeit frei.

Nicht Überredung, sondern Überzeugung ist gefragt, nicht die bloße Behauptung, sondern ihr Beweis, wenn es darum geht, dass ein verständiges Gegenüber die guten Gründe für eine Weiterbildung nicht nur *be*-, sondern auch *er*greift, sie sich also zu Eigen macht. Abschließend ein kleines Beispiel.[4]

Motivationsbaustein zum Thema „Alter":
„In meinem Alter ist man doch gar nicht mehr fähig, etwas Neues zu lernen!"

So oder so ähnlich klingen die resignativen Hinweise älterer Teilnehmer. Dagegen lässt sich vieles sagen:

- Die „Defizittheorie" des Alterns ist wissenschaftlich längst widerlegt.
- Jeder kennt aus eigener Erfahrung Gegenbeispiele: Mancher „alte Fuchs" schlägt das junge „Greenhorn" geistig um Längen.
- Die Wissenschaft hat gezeigt: Manche Fähigkeiten nehmen mit dem Alter ab (Sinnesleistungen wie Sehen, Hören, Tasten); manche bleiben gleich (z. B. Intelligenz, Lernfähigkeit); einige nehmen sogar zu (z. B. Urteilsfähigkeit, Selbstständigkeit).

Argumente dieser Art sind notwendig, aber nicht hinreichend. Ihre durchschlagende Beweiskraft entfalten sie dann, wenn der Adressat ihren Wahrheitsgehalt *an sich* anhand praktischer Experimente *erfährt*.

Lernexperiment A:

Der Moderator präsentiert eine Zeitungsbeilage mit den Inseraten und Sonderangeboten eines Kaufhauses. Die Aufgabe: Alle Teilnehmer studieren fünf Minuten lang das Inseratheft und merken sich möglichst viele Angebote, die sie für attraktiv halten. Anschließend notiert jeder auf einem Blatt die Angebote, die er auswendig behalten hat, und zwar Artikel wie Preis. Die Teilnehmer lesen ihre Listen laut vor. Vermutlich

4 Ausführliche Darlegungen zu weiteren individuellen Motivationsbarrieren älterer Arbeitnehmer finden sich in: RÖHRIG, R.: Motivationsbarrieren und Motivationskonzepte. Band 2: Bausteine zur Motivation, 1996.

greift allgemeines Staunen um sich, dass man sich so viel merken konnte, obwohl man doch seinem Gedächtnis altersbedingt nichts mehr zutraut.
Das gemeinsame Gespräch entwickelt die Botschaft dieses Lernexperiments: Wo die geistige Betätigung ein *Interesse* des Menschen und einen vorstellbaren *Nutzen* anspricht, wie dies bei Sonderangeboten eines Kaufhauses sicher der Fall ist, da beweisen selbst ältere Teilnehmer, dass ihre kognitiven Fähigkeiten enorm leistungsfähig sind. Das gilt, wie in diesem Beispiel gezeigt, selbst für das Gedächtnis, das eher zu den mit dem Alter abnehmenden Potenzen gerechnet wird.

Dieses Experiment bewegt sich im Umfeld der Alltagsroutine, also abseits der beruflichen Hightech-Welt. Um deutlich zu machen, dass sich auch auf diesem Feld ein vergleichbarer Nachweis zu A führen lässt, ergeht die Einladung zu

Lernexperiment B:

Es richtet sich bevorzugt an solche, die mit einem PC noch nie Berührung hatten. Der Ausbilder bereitet einen Raum mit mehreren PC vor. Die Aufgabe: Die Teilnehmer erlernen in einem Steilkurs, der nicht länger als 15 Minuten dauern sollte,

- wie man auf dem PC einen kleinen Text erstellt und bearbeitet,
- einen fertigen Text speichert und ausdruckt,
- aus dem Ausdruck eine Folie zur Präsentation auf dem Tageslichtprojektor herstellt.

Im nächsten Schritt legt der Moderator den Teilnehmern einen Text vor, den sie mittels des PC abschreiben. Der fertige Text wird gespeichert und ausgedruckt. Die Teilnehmer fertigen am Kopiergerät eine Folie mit ihrem Text an. Die Folie wird auf dem Overhead-Projektor präsentiert:

Argument:

„In meinem Alter ist man gar nicht mehr fähig, etwas Neues zu lernen."

Gegenargumente:

- Die „Defizittheorie" des Alterns ist wissenschaftlich längst widerlegt.
- Jeder kennt aus eigener Erfahrung Gegenbeispiele: Mancher „alte Fuchs" schlägt das junge „Greenhorn" geistig um Längen.
- Die Wissenschaft hat gezeigt: Manche Fähigkeiten nehmen mit dem Alter ab (Sinnesleistungen wie Sehen, Hören, Tasten); manche bleiben gleich (z. B. Intelligenz, Lernfähigkeit); einige nehmen sogar zu (z. B. Urteilsfähigkeit, Selbstständigkeit).

Mit diesem Lernexperiment macht der Moderator seinen Partnern sicher großen Eindruck. Es ist nun nämlich keine Behauptung mehr, sondern praktisch erwiesen, dass gerade sie als ältere Arbeitnehmer über Fähigkeiten verfügen, an die sie selber nicht geglaubt haben:

- In kurzer Zeit haben sie ein völlig neues technisches Instrument zu handhaben gelernt,
- geistige Aufnahmefähigkeit bewiesen,
- Flexibilität gezeigt,
- eine Schlüsselqualifikation unter Beweis gestellt und
- Theorie in Praxis umgesetzt.

Die *theoretischen* Argumente gegen die falsche Gleichung „alt = unfähig" haben sie selber bis zur fertigen Foliengestalt gebracht und damit ihre Gültigkeit *praktisch* unter Beweis gestellt.

MARKUS STÖCKL, GERT SPEVACEK, GERALD A. STRAKA

Altersgerechte Didaktik

Einführung

Sinkende Geburtenziffern bei steigender Lebenserwartung haben zu einer ausgeprägten Alterungstendenz der Bevölkerung geführt. Dieser Trend findet sich, wenn auch in unterschiedlichem Ausmaß und Tempo, in nahezu allen Industrienationen Europas, den USA und Japan (vgl. HOF, 1993; STATISTISCHES BUNDESAMT, 1994; THON, 1995). Für die Unternehmen bedeutet diese demographische Entwicklung, dass sie künftig nicht mehr einfach darauf vertrauen können, erforderliche Struktur- und Qualifikationsanpassungen über einen Austausch älterer gegen jüngere Arbeitnehmer zu erreichen. Die längere Beschäftigung künftiger Kohorten älterer Arbeitnehmer gilt vielmehr als wichtigstes Mittel, um die dann bestehende demographisch bedingte Lücke im Arbeitskräfteangebot zu schließen. Für die Zukunft von Arbeitsmarkt und Wirtschaft wird somit entscheidend sein, ob eine alternde Erwerbsbevölkerung den Anforderungen des technologischen Wandels entsprechen kann und ob die erforderlichen, insbesondere qualifikatorischen Anpassungsmaßnahmen rechtzeitig entwickelt werden.

Vor dem Hintergrund dieser Entwicklung soll im Folgenden der Frage nachgegangen werden, wie durch eine altersgerechte Didaktik zur Qualifizierung älterer Arbeitnehmer beigetragen werden kann. Dazu wird die Zielgruppe der älteren Arbeitnehmer und ihre quantitative Bedeutung zunächst genauer beschrieben (Kapitel 1). Unter Bezug auf ein didaktisches Rahmenmodell zur Planung von Qualifizierungsmaßnahmen (Kapitel 2) werden anschließend wichtige Lernvoraussetzungen älterer Arbeitnehmer, die Lernfähigkeit (Kapitel 3) und die Lernbereitschaft (Kapitel 4) analysiert. Auf dieser Grundlage werden Empfehlungen zur altersgerechten Gestaltung eines didaktischen Lehr-Lern-Arrangements formuliert (Kapitel 5) und unterstützende Personal- und Organisationsentwicklungsmaßnahmen beschrieben (Kapitel 6). Abschließend werden die Besonderheiten einer Qualifizierung älterer Arbeitnehmer im Bereich Informationstechnik anhand von Ergebnissen aus Modellversuchen skizziert (Kapitel 7).

1. Ältere Arbeitnehmer

1.1 Zum Begriff „ältere Arbeitnehmer“

Die Zuordnung von Erwerbstätigen zur Gruppe der „älteren Arbeitnehmer“ oder „älteren Erwerbspersonen“ gestaltet sich schwierig, da sich die Veränderungsprozesse des Alters fließend, individuell verschieden und in unterschiedlichem Tempo vollziehen. Dem kalendarischen Alter kommt unter einer Vielzahl biologischer, psychologischer und soziologischer Faktoren lediglich ein zusätzlicher Einfluss zu (BÄCKER, 1979). Die Zuordnung zur Gruppe der älteren Arbeitnehmer wird vor allem durch das schulische und berufliche Qualifikationsniveau, den beruflichen Status (Angestellter oder Arbeiter), die gesundheitliche Konstitution und die physische und psychische Leistungsfähigkeit bestimmt (vgl. FRIEDRICH & MEIER, 1984). Zudem ist die Zuordnung zur Gruppe der älteren Arbeitnehmer abhängig vom Betätigungsfeld, der Betriebsgröße, der Branche, von dem Geschlecht und der Lebenssituation der Betroffenen und wird dementsprechend früher oder später erfolgen; einige Beispiele mögen dies verdeutlichen:

- Beschäftigte gelten z. B. im EDV-Bereich und im Bergbau eher als alt als z. B. im Handwerk oder im Dienstleistungsbereich (STAUDACHER, 1986).
- Einige Berufsgruppen werden schon mit 30/35 Jahren zu den „Älteren“ gezählt (z. B. Stewardessen, Mannequins), andere mit 45 oder 50 Jahren noch zu den „Jüngeren“ (z. B. Meister, Direktoren, Professoren)“ (LEHR, 1986).
- In Betrieben mit einem relativ niedrigen Durchschnittsalter werden Beschäftigte eher als „älter“ bezeichnet als bei einem vergleichsweise höheren Altersdurchschnitt der Mitarbeiter (LEHR, 1986).

Die Orientierung an kalendarischen Altersgrenzen bei der Zuordnung zur Gruppe der älteren Arbeitnehmer ist demnach problematisch, da eine Reihe weiterer Einflussfaktoren in die Betrachtung einbezogen werden müssen. Im Rahmen dieses Beitrags wird deshalb die Definition der OECD verwendet, nach der die Personen als ältere Arbeitnehmer bezeichnet werden, die in der zweiten Hälfte ihres Berufslebens stehen, aber das Pensionsalter noch nicht erreicht haben und gesund sind (BELBIN, 1967).

1.2 Quantitative Bedeutung älterer Arbeitnehmer

Einen Überblick über die quantitative Bedeutung älterer Arbeitnehmer und deren Verteilung nach Branchen und Betriebsgrößen sowie deren Ausbildung und Stellung im Beruf liefern die folgenden Daten aus den alten Bundesländern (vgl. HOFFMANN, 1993; Bundesministerium für Bildung, Wissenschaft, Forschung und Technologie, 1996):

- Per 30. 06. 1994 verteilten sich die etwa 22,8 Mio. sozialversicherungspflichtig beschäftigten Arbeitnehmer wie folgt: Rund 42 % der Beschäftigten waren 40 Jahre und älter. Der Anteil der 50 bis 59-Jährigen betrug etwa 19 %; 2 % der Beschäftigten waren 60 Jahre und älter.
- Rund 70 % der älteren Arbeitnehmer waren 1991 in Klein- und Mittelbetrieben bis unter 500 Beschäftigten, etwa 30 % in größeren und Großbetrieben ab 500 Beschäftigten tätig.
- In größeren Betrieben und Großbetrieben ab 500 Beschäftigten arbeiten mehr, in Kleinbetrieben mit bis zu 9 Beschäftigten weniger ältere Arbeitnehmer, als es dem gesamtwirtschaftlichen Durchschnitt entspricht.
- Ältere Arbeitnehmer sind überdurchschnittlich häufig in Branchen beschäftigt, in denen sich Beschäftigungsverluste abzeichnen (Waren produzierendes Gewerbe). In Branchen mit guten Beschäftigungsaussichten (Dienstleistungssektor) sind ältere Erwerbstätige eher unterrepräsentiert.
- Der Anteil an Beschäftigten mit abgeschlossener Berufsausbildung und Akademikern ist bei den älteren Arbeitnehmern geringer, der Anteil an Beschäftigten ohne formale Berufsausbildung dementsprechend höher als in den anderen Altersgruppen.
- Ältere Arbeitnehmer ab dem 50. Lebensjahr sind deutlich häufiger als geringer qualifizierte Beschäftigte und als Arbeiter tätig als andere Altersgruppen.

Neben der gegenwärtigen Verteilung älterer Arbeitnehmer ist von Interesse, inwieweit sich die Sozialstruktur der Erwerbstätigen zukünftig verändern wird. Dazu liegen verschiedene Prognosen und Szenarien vor, die neben der demographischen Entwicklung (Geburten- und Sterberaten, Wanderungen) auch sozioökonomische Tendenzen (z. B. Entwicklung der Erwerbstätigkeit nach Qualifikation, Tätigkeit, Geschlecht etc.) berücksichtigen. Danach weisen die älteren Erwerbstätigen des Jahres 2010 die folgenden Merkmale auf (vgl. KÖCHLING, 1995, 21):

- Sie sind tendenziell eher in Dienstleistungs- oder indirekt produktiven Bereichen beschäftigt („Trend zu Dienstleistungen").
- Sie sind tendenziell eher in Klein- und Mittelbetrieben als in Großbetrieben tätig („Trend zu Kleinbetrieben").
- Sie weisen tendenziell höhere formale Schul- und Berufsabschlüsse auf („Trend zur Höherqualifizierung").
- Sie nehmen tendenziell eher Funktionen mit höheren Qualifikationsanforderungen wahr („Trend zur Kopfarbeit").
- Sie benutzen tendenziell neue Techniken als selbstverständliches Arbeitsgerät („Trend zur Computerarbeit").
- Sie können tendenziell eher weiblichen als männlichen Geschlechts sein („Trend zur Frauenerwerbstätigkeit").

1.3 Die Weiterbildungsteilnahme älterer Arbeitnehmer

Repräsentativerhebungen im Rahmen des „Berichtssystems Weiterbildung (BSW)" (BMBF, 1996) haben ergeben, dass ältere Personen seltener an Weiterbildung teilnehmen als jüngere. Die Teilnahmequote der 50- bis 64-Jährigen an der Weiterbildung insgesamt lag im Jahre 1994 bei 28 % gegenüber 47 % der 35- bis 49-Jährigen und 49 % der 19- bis 34-Jährigen. Differenziert nach allgemeiner und beruflicher Weiterbildung zeigt sich, dass der Abstand der Weiterbildungsbeteiligung der über 49-Jährigen von der jüngeren und mittleren Altersgruppe in der beruflichen Weiterbildung größer ist als in der allgemeinen Weiterbildung. Dies ist vor allem darauf zurückzuführen, dass sich insbesondere 60- bis 64-Jährige weitaus seltener an beruflicher als an allgemeiner Weiterbildung beteiligen (3 % vs. 16 %).

Zwar lassen Analysen zu den Einflussfaktoren auf die berufliche Fort- und Weiterbildung vermuten, dass offenbar nicht allein das Lebensalter für den geringen Zugang zu Weiterbildungsmaßnahmen verantwortlich ist, sondern auch der berufliche Abschluss, die Art der ausgeübten Tätigkeit sowie die berufliche Stellung (Arbeiter, Angestellter etc.) (vgl. STRAKA & KUWAN, 1994), dennoch ist die geringe Teilnahme älterer Arbeitnehmer an beruflicher Weiterbildung unbestritten. Offenbar sind in erster Linie folgende Faktoren für die geringe Teilnahmequote älterer Arbeitnehmer verantwortlich (vgl. NAEGELE, 1992):

- Vorurteile bezüglich der Lernfähigkeit älterer Arbeitnehmer,
- Vorurteile bezüglich der Lernbereitschaft älterer Arbeitnehmer,
- Mängel im didaktischen Arrangement des Weiterbildungsangebots sowie
- Mängel bei flankierenden Personal- und Organisationsentwicklungsmaßnahmen.

Diese Faktoren werden im Folgenden diskutiert. Hinsichtlich des didaktischen Arrangements und der flankierenden Personal- und Organisationsentwicklungsmaßnahmen werden Lösungsansätze vorgeschlagen. Zur Systematisierung dieser Ansätze wird auf ein didaktisches Rahmenmodell zurückgegriffen.

2. Didaktisches Rahmenmodell

Didaktische Modelle zur Beschreibung, Planung und Analyse von Unterricht konzentrieren sich auf die didaktisch relevanten Hauptkomponenten und deren Beziehungsstruktur. Das diesem Beitrag zugrunde liegende Rahmenmodell einer lehr-lerntheoretischen Didaktik von Straka & Macke (1981) stellt das Verhalten des Lernenden und dessen Determinanten in den Mittelpunkt (vgl. Abb. 1). Verhalten wird sowohl von externalen (Umgebungsbedingungen) als auch von internalen Bedingungen bestimmt. Die *internalen Bedingungen* sind durch Lernen veränderbar. *Lernvorausset-*

zungen beschreiben den (vorausgesetzten oder angenommenen) Anfangszustand, *Lernergebnisse* den intendierten (End-)Zustand der internalen Bedingungen. Der Übergang von den Lernvoraussetzungen zu den Lernergebnissen erfolgt durch den *Lernprozess,* der mit den *Lerntätigkeiten* gesteuert wird. Die Lerntätigkeiten umfassen beobachtbares und nicht beobachtbares, zielgerichtetes Verhalten, mit dem die Beziehung zur Umgebung hergestellt wird. Das didaktische Rahmenmodell berücksichtigt folgende *Umgebungsbedingungen* (vgl. STRAKA & MACKE, 1981; STRAKA, 1986):

- das *Lehren,* z. B. als (potenziell) informatives Verhalten von Lehrenden (personale Lehrtätigkeiten) bzw. in Form apersonaler Lernhilfen (z. B. schriftliche Lehrmaterialien),
- die *Aufgabe,* bestehend aus strukturierten (potenziellen) Informationen in Form von Aufgabenstellungen,
- die *Medien* als Codierung der Information der Lernaufgabe und Lehrtätigkeiten bzw. Lernhilfen sowie
- die *Sozialformen,* in denen das Lernen stattfindet.

Abbildung 1: Didaktisches Rahmenmodell (nach Straka & Macke, 1981)

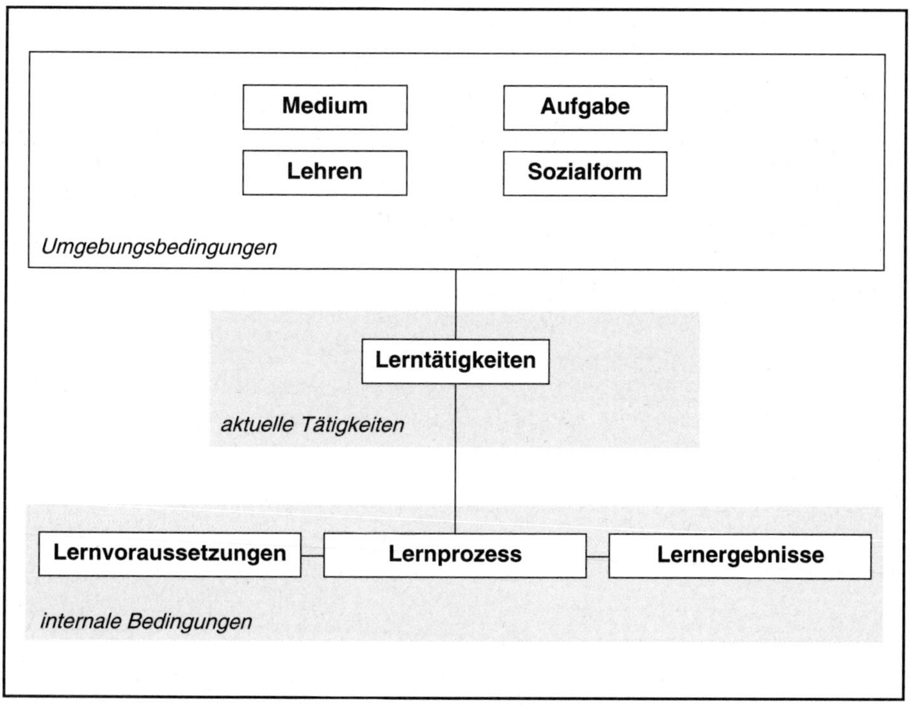

3. Die Lernfähigkeit älterer Arbeitnehmer

Die Diskussion über die Lern- und Leistungsfähigkeit älterer Menschen wurde lange Zeit vom sog. „Defizitmodell" geprägt. Dieses unterstellt einen Kausalzusammenhang in Form biologischer Gesetzmäßigkeiten zwischen dem kalendarischen Alter und dem Abbau physischer und psychischer Kräfte, der weitgehend unbeeinflussbar und irreversibel verläuft. Danach steigt die Leistungs- und Lernfähigkeit bis zum Erreichen des mittleren Erwachsenenalters an und nimmt danach kontinuierlich ab. Nach dem Defizitmodell werden älteren Menschen pauschal negative Eigenschaften, wie verringerte Lernfähigkeit, geringe Umstellungs- und Anpassungsfähigkeit, abnehmende intellektuelle Fähigkeiten, Uneinsichtigkeit und Starrsinn unterstellt. In positiver Hinsicht werden Älteren – ebenso pauschal – Eigenschaften wie Reife, Ausgeglichenheit, Zuverlässigkeit, Umsicht oder Verantwortungsbewusstsein zugeschrieben. Ein Auftreten der Leistungsminderungen wurde bereits ab dem 40., spätestens ab dem 50. Lebensjahr vermutet (vgl. THOMAE & LEHR, 1973; BÄCKER, 1981).

Wissenschaftlich gilt das Defizitmodell bereits seit den 60er Jahren als widerlegt, dennoch dient es in einigen Bereichen weiterhin als Legitimation betrieblicher sowie sozial- und arbeitsmarktpolitischer „Maßnahmen". Die Annahmen des Defizitmodells beruhen auf Experimenten aus den 20er und 30er Jahren, die, wie man später erkannte, erhebliche methodische Mängel aufwiesen.[1] Neuere Untersuchungen sind um ein exakteres Vorgehen bemüht. Auf der Grundlage von Längsschnittstudien (BUSSE, 1993; COSTA & MCCRAE, 1993; SCHAIE, 1993; SHANAN, 1993; THOMAE, 1993) lässt sich der gegenwärtige Forschungsstand kurz wie folgt charakterisieren:

- Die Lernfähigkeit älterer Arbeitnehmer wird nicht monokausal von einem starr ablaufenden Prozess des Alterns bestimmt.
- Die biologisch bedingten Alternsveränderungen sind beeinflussbar.
- Es existieren exogene Einflussfaktoren, die die Alternsveränderungen überlagern (können) und wesentlich auf die Lernfähigkeit im Alter einwirken.
- Die Lernfähigkeit ist durch Training auch noch im Alter beeinflussbar.

Das Defizitmodell wurde inzwischen – zumindest im wissenschaftlichen Kontext – durch das „Differenzmodell" des Alters abgelöst. Dieses geht davon aus, dass Altersvorgänge in erster Linie individuelle Verlaufsformen annehmen und dass es mit zunehmendem kalendarischem Alter nicht automatisch zu Leistungsminderungen kommt, sondern dass vielmehr ein alterskorrelierter Leistungswandel eintritt, der nicht primär auf biologische Determinanten zurückzuführen ist, sondern auf eine Reihe von

1 Die Kritik richtet sich vor allem darauf, dass der Faktor „Lernfähigkeit" nicht oder nur ungenügend differenziert, Querschnittsanstelle von Längsschnittanalysen durchgeführt, Kohorteneffekte und der größere Zeitbedarf älterer Personen nicht berücksichtigt und ungeeignete (für den Alltag irrelevante) Untersuchungsmaterialien eingesetzt wurden (vgl. THOMAE & LEHR, 1973; VERRES-MÜCKEL, 1974; BALTES, 1984; WEIDENMANN, 1991b).

Lebens-, Arbeits- und Beschäftigungsbedingungen. Das Differenzmodell erklärt individuelle Unterschiede in der Leistungs- und Lernfähigkeit Älterer mit intervenierenden Persönlichkeitsvariablen und sozialen Umgebungseinflüssen (NAEGELE, 1992). Zu den exogenen Einflussfaktoren, die die Lernfähigkeit älterer Arbeitnehmer am nachhaltigsten beeinflussen können, gehören insbesondere die erworbene Schulbildung, der berufliche Qualifizierungsgrad und das Ausmaß an kognitivem Training im Erwachsenenalter. Während ein höherer Bildungsstand und kognitives Training eine dauerhafte Stärkung der kognitiven Funktionen bedingen und somit dem Lernen zugute kommen, ist die Hilflosigkeit gegenüber intellektuellen Anforderungen dann besonders groß, wenn niedrige Schulbildung mit auf ein Minimum reduzierten kognitiven Anforderungen während des Erwerbslebens einhergehen.

Nach diesen grundsätzlichen Bemerkungen werden im Folgenden ausgewählte empirische Befunde zur Lernfähigkeit Älterer im Detail vorgestellt. Diese betreffen die Lernstrategien und die Informationsverarbeitungs- und Wahrnehmungsfähigkeit Älterer, die Intelligenz- und Gedächtnisentwicklung im Alter sowie die Kenntnisse und Fähigkeiten Älterer im Umgang mit Medien.

3.1 Lernstrategien

Eine Reihe von Befunden lässt auf Lernschwierigkeiten Erwachsener schließen, die auf einen Mangel an geeigneten Lernstrategien zurückzuführen sind (vgl. ZANDRI & CHARNESS, 1989; HARKE, 1983; STENTZEL, 1986; HUSSY, 1989; STAIGER, 1989; SCHMIEL & SOMMER, 1991; MARDSEN & FUNK-MÜLDNER, 1993). So stellen Lehr & Wilbers (1992) bei älteren Arbeitnehmern häufig eine „Ungeübtheit, einzelne Gedächtnisinhalte sinnvoll miteinander zu verschlüsseln", fest. SCHUSTER (1984) weist insbesondere auf einen Mangel älterer Lernender an sog. metakognitiven Strategien hin, der sich beispielsweise in einer ungenügenden Kontrolle des eigenen Lernstandes äußert. Darüber hinaus scheinen Ältere häufig Schwierigkeiten bei der Planung und Steuerung ihres Lernprozesses zu haben (LÖWE, 1971). Auch die Tatsache, dass ältere Arbeitnehmer bei den sog. informellen Formen der Weiterbildung (Lektüre von Fachzeitschriften und -büchern, Nutzung computerunterstützter Lernprogramme), die höhere Anforderungen an das Beherrschen von Lernstrategien stellen als die formellen Formen (Lehrgänge, Kurse), unterrepräsentiert sind (BMBF, 1996), stützt die Vermutung, dass Ältere oft das Lernen lernen müssen (vgl. STRAKA & LÖDIGE-RÖHRS, 1994). Andererseits scheinen Ältere stärker als Jüngere von der Möglichkeit zu profitieren, das Lerntempo selbst steuern zu können. Selbststeuerung beim Lernen, gesteigerte Lernaktivität und ein aktives Sich-Aneignen des Stoffes scheinen den Lernerfolg bei Älteren zudem in stärkerem Maße zu fördern als bei Jüngeren (LÖWE, 1971).

3.2 *Informationsverarbeitungs- und Wahrnehmungsfähigkeit*

Altersbedingte Defizite im Wahrnehmungsapparat setzen verstärkt um das 45. Lebensjahr ein. Dies gilt insbesondere für die Altersweitsichtigkeit aufgrund des natürlichen Elastizitätsverlusts der Linse. Durch diesen Verlust an Akkomodationsfähigkeit rückt der Nahpunkt im Alter von 50 Jahren auf 50 cm, mit 60 Jahren auf 100 cm hinaus. Geschwindigkeit und Genauigkeit der Akkomodation lassen bereits ab dem Alter von 40 Jahren deutlich nach; hinzu kommt eine stärkere Trübung des Auges sowie ein fortschreitender Sehverlust im Dunkelbereich. Die Sehschärfe nimmt mit zunehmendem Alter ebenfalls ab (BENDA, STAUFER & JAMNIG, 1989). Auch die psychomotorischen Fähigkeiten lassen mit dem Alter nach. Besonders störanfällig sind die psychomotorischen Fähigkeiten bei Reizüberflutung. In verschiedenen Studien konnte nachgewiesen werden, dass die Verringerung der psychomotorischen Leistungsfähigkeit weniger auf die motorische Komponente als vielmehr auf verlangsamte Auffassung, Verarbeitung und Entscheidung zurückgehen (BENDA, 1988). Aufgaben, die eine geringe Verarbeitungsfähigkeit erfordern – etwa hoch automatisierte Routinetätigkeiten – sind kaum von Alterseinflüssen betroffen. So stellte SALTHOUSE (1984) fest, dass ältere Schreibkräfte die gleiche Schreibgeschwindigkeit wie jüngere erreichen, weil sie sich beim Abtippen einer Vorlage im Text weiter voraus orientieren.[2]

Der Verwendung von Farbe kann als Steuerungscode, d. h. als bildliches Mittel, um die Wahrnehmung und Verarbeitung von piktorialen Codes durch den Betrachter zu unterstützen[3], eine hohe Bedeutung zukommen. COOPER et al. (1991) konnten nachweisen, dass Einbußen in der Unterscheidung von Farbtönen sowie der Farbsättigung vereinzelt bereits ab dem 50., spätestens jedoch ab dem 60. Lebensjahr auftreten. Die – individuell unterschiedlich verlaufenden – Alterseffekte beeinträchtigen offenbar zunächst die Wahrnehmung kurzer Wellenlängen (z. B. Blau und Grün) und anschließend das restliche Spektrum, wobei die Wahrnehmung langer Wellenlängen (Rot) relativ lange stabil bleibt. Die Wahrnehmung der Farbhelligkeit ist von Alterseffekten bis zum 80. Lebensjahr offensichtlich nicht betroffen.

3.3 *Intelligenzentwicklung*

Der Forschungsstand zur Intelligenzentwicklung im Alter lässt sich durch drei Leitsätze charakterisieren, die im Rahmen des Konzepts der „Entwicklungspsychologie der Lebensspanne“ (BALTES, 1990) populär geworden sind: Multidimensionalität, Multidirektionalität und Plastizität.

Nach dem Grundsatz der *Multidimensionalität* setzt sich Intelligenz aus mehreren Komponenten zusammen, wobei die fluide und kristallisierte Intelligenz die bei-

2 Von dem Pianisten Vladimir Horowitz wird behauptet, dass er um die verminderte Beweglichkeit seiner Finger wusste, sie aber kaschierte, indem er vor schnellen Passagen das Tempo reduzierte und so den Eindruck ungebremster Virtuosität erweckte.

3 Etwa durch die Verwendung der gleichen Farbe bei zusammengehörenden Elementen in Bildern.

den wichtigsten Komponenten darstellen. Die fluide Intelligenz beschreibt die weitgehend inhaltsfreien Basisprozesse der Informationsverarbeitung und wird auch als Mechanik der Intelligenz bezeichnet. Die kristallisierte Intelligenz umfasst das inhaltsreiche und erfahrungsbedingte Wissen, die Pragmatik der Intelligenz. Diese beiden Hauptkomponenten der Intelligenz können sich in ihren Entwicklungsverläufen und -richtungen unterscheiden (Grundsatz der Multidirektionalität): Fluide Intelligenz steigt bis zum frühen Erwachsenenalter an und geht anschließend in eine Periode der Stabilität über. Ein gradueller Altersabbau setzt mit Beginn des mittleren Erwachsenenalters ein. Die kristallisierte Intelligenz steigt dagegen auch über das mittlere Erwachsenenalter hinaus noch an (BALTES, 1990; vgl. Abbildung 2).

Abbildung 2: Idealisierte Lebenskurven der kristallisierten und fluiden Intelligenz (Baltes, 1990, 5)

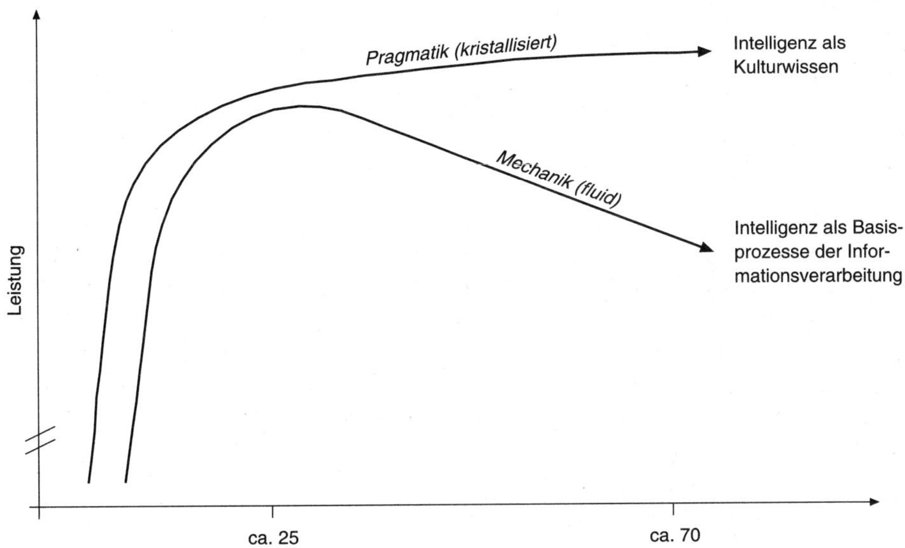

Der Grundsatz der *Plastizität* bezeichnet das Potenzial, das Individuen zu unterschiedlichen Verhaltensformen und Entwicklungsverläufen befähigt. Jeder Entwicklungsverlauf variiert demnach in Abhängigkeit von den jeweiligen Lebensbedingungen und -erfahrungen und ist somit veränderbar. In verschiedenen Interventionsstudien („Testing-the-limits“) konnten latente Leistungspotenziale älterer Erwachsener nachgewiesen werden. Diese Kapazitätsreserven betreffen offensichtlich auch den von Abbauprozessen betroffenen Bereich der fluiden Intelligenz (BALTES, 1990; SCHAIE, 1990). GARFEIN, SCHAIE und WILLIS (1988) beispielsweise berichten, dass ältere Lernende ein Training zur Benutzung eines Tabellenkalkulationsprogramms – wofür insbesondere die Komponente der fluiden Intelligenz verantwortlich zu sein scheint – erfolgreich absolvierten.

3.4 Gedächtnisleistungen

Ältere scheinen bei der Reproduzierung des Gelernten oftmals unsicher zu sein (LÖWE, 1971). Die Kurven in der folgenden Abbildung 3 geben die durchschnittliche Entwicklung verschiedener Gedächtnisleistungen im Verlauf der Lebensspanne wieder und verdeutlichen, dass das Wiedererkennen vertrauten Materials – eine der fundamentalen Leistungen des Gedächtnisses – bis ins hohe Alter weitgehend stabil ist (Kurve 1). Reproduktionsleistungen beim sinngemäßen Erinnern von Texten, bei denen der Lernende hohe Vorkenntnisse besitzt (Experten), weisen keine alterskorrelierten Veränderungen der Gedächtnisleistungen auf (Kurve 2). Die Gedächtnisleistungen bei fehlendem oder ungenügendem Vorwissen zeigen hingegen einen anderen Verlauf: Sie steigen bis ins junge Erwachsenenalter kontinuierlich an und gehen danach allmählich zurück. Beim Erinnern von Lernmaterial, das sich semantisch schwer organisieren lässt (Kurve 4), ist der Verlauf ausgeprägter als bei semantisch gut bzw. leicht zu organisierendem Material (Kurve 3). Die Ergebnisse verdeutlichen die Bedeutung des Vorwissens für die Gedächtnisleistungen älterer Lernender.[4]

4 Allerdings ist zu betonen, dass es sich hierbei um die *durchschnittliche* Entwicklung der einzelnen Gedächtnisleistungen handelt. WEINERT, SCHNEIDER & KNOPF (1989) weisen darauf hin, dass die Leistungsunterschiede innerhalb einer Altersgruppe im Erwachsenenalter größer sein können als zwischen Personen unterschiedlichen Alters.

Abbildung 3: Die Entwicklung verschiedener Gedächtnisleistungen im Verlauf der Lebensspanne (Delhees, 1990, 4).

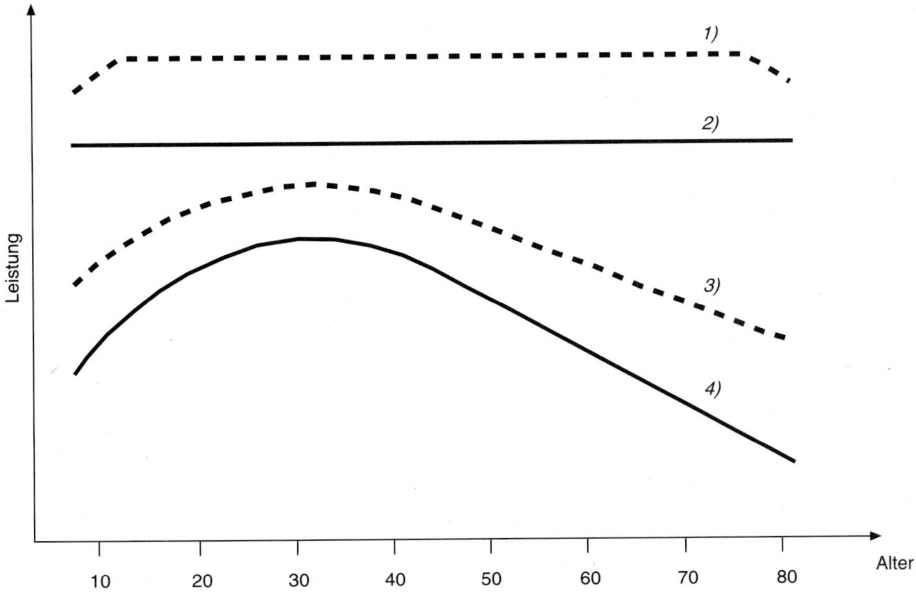

1) Wiedererkennen vertrauten Materials
2) Reproduktionsleistung beim Erinnern von Texten bei Personen mit hohem Vorwissen
3) Erinnerungsleistung bei leichten Wortlisten
4) Erinnerungsleistung bei schwierigen Wortlisten

Smith et al. (1990) untersuchten die Gedächtnisleistungen jüngerer und älterer Teilnehmer beim Erinnern von Bildern. Sie stellten fest, dass ältere Lernende insbesondere dann Probleme mit der Wahrnehmung und dem Erinnern piktorialer Codes haben, wenn die Bilder eher abstrakt denn konkret und eher einfach als komplex gestaltet sind. Bei komplexen, realistischen Darstellungen zeigten sich keine Unterschiede zu jüngeren Lernenden.

3.5 Umgang mit Medien

Eine Reihe von Befunden deuten darauf hin, dass die Vertrautheit und Erfahrung der Lernenden mit den verwendeten Medien die Wirksamkeit von Qualifizierungsmaßnahmen beeinflussen kann. In diesem Zusammenhang wird das Konstrukt der **„Medien-Literacy“** diskutiert. Im angelsächsischen Raum bedeutet „literacy“ so viel wie

„to be literate“, also auf einem Gebiet kundig sein oder das Alphabet beherrschen. Als Medien-Literacy wird die Kompetenz bezeichnet, unterschiedliche Codierungen und Symbolsysteme entschlüsseln und aktiv verwenden zu können (Weidenmann, 1993). Im Kontext altersgerechter Qualifizierungsmaßnahmen sind zwei Teilbereiche der Medien-Literacy von Bedeutung: visual literacy und computer literacy.

Aufgrund der heutigen technischen Möglichkeiten im Bereich der Medien sind der Visualisierung, d. h. der Verwendung piktorialer Codes, in Qualifizierungsmaßnahmen kaum mehr Grenzen gesetzt. Dies hat entsprechend hohe Anforderungen an die **„visual literacy“** der Lernenden zur Folge. Visual Literacy soll verstanden werden als Sammelbegriff für die Fähigkeiten von Lernenden, „die instruktionale Botschaft von Visualisierungen aller Art (...) zutreffend [zu] extrahieren, d. h. entsprechend den Intentionen des Designers in Bezug auf die Lernaufgabe“ (WEIDENMANN, 1993, 32). Es gibt eine Reihe von Hinweisen darauf, dass viele Lernende mit der Nutzung bildlicher Codes nicht vertraut sind (vgl. WEIDENMANN, 1988; WEIDENMANN, 1991, 1991a; PETTERSSON, 1993). Dies dürfte umso mehr für ältere Arbeitnehmer zutreffen, deren Schulzeit stark durch die Lektüre von Büchern bestimmt wurde, so dass nur wenig Möglichkeiten zum Entschlüsseln piktorialer Codes gegeben waren (SCHNEIDER, 1993). Da die Visual Literacy älterer Arbeitnehmer demnach tendenziell als begrenzt einzuschätzen ist, besteht die Gefahr, ältere Lernende zu überfordern. Während sie i. A. keine Schwierigkeiten haben, das Abgebildete zu erkennen (Verstehen erster Ordnung), wenden sie nur selten das „Verstehen zweiter Ordnung“ (indikatorisches Bildverstehen) an, d. h. sie erkennen nicht, was der Autor des Bildes im Rahmen der Lehr-Lern-Situation mitteilen möchte, oder sie können die Hinweise (Indikatoren) des Bildproduzenten nicht angemessen interpretieren (vgl. WEIDENMANN, 1991, 1991a).

Darüber hinaus sind, gerade im Zusammenhang mit den sog. „Neuen Medien“ (Multimedia, Internet), Kenntnisse und Fähigkeiten der Lernenden im Umgang mit Hard- und Software erforderlich. Für diese Kompetenzen hat sich inzwischen die Bezeichnung **„computer literacy“** etabliert (VAN VLIET, KLETKE & CHAKRABORTY, 1994). Sackmann (1995) stellt fest, „dass zwar allgemein die Fähigkeit, einen Computer bedienen zu können, zwischen 1986 und 1992 von 23 % v. H. auf 35 v. H. angestiegen ist, dass dieser generelle Anstieg aber mit einer Zunahme der Unterschiede zwischen Generationen einherging; an diesem Anstieg hatten überwiegend die nach 1939 Geborenen teil, während der Kompetenzzuwachs bei den älteren Jahrgängen sehr viel geringer ausfiel“ (S. 523). Der Aussage „Der Computer ist mir fremd“ stimmten die Älteren eher zu, während Jüngere diese Aussage überwiegend ablehnten (SACKMANN, 1995). Diese Hinweise lassen die Vermutung zu, dass die Computer Literacy älterer Arbeitnehmer derzeit im Durchschnitt geringer einzuschätzen ist als die jüngerer. Hierbei handelt es sich jedoch um Kohorteneffekte, die Kompetenzen im Umgang mit Computern bei zukünftigen Generationen älterer Arbeitnehmer dürften stärker ausgeprägt sein, zumal sich mit zunehmender Dauer der Verbreitung von Techniken die Ungleichheiten zwischen den Generationen verringern, wie die Beispiele Telefon oder Videorecorder zeigen (vgl. SACKMANN, 1995).

HARTLEY (1994) verglich die Ergebnisse von 24 Untersuchungen mit Älteren beim Lernen mit **Texten.** Der Autor unterschied zwischen Studien mit einfachem und komplexem Text und analysierte die Resultate der Untersuchungen in Bezug auf einzelne Designparameter. In Zusammenhang mit einfachen Texten konnte Hartley lediglich für den Parameter „Schriftgröße“ einheitliche Befunde feststellen: Ältere Leser scheinen von einer größeren Schrift zu profitieren (vgl. auch ALLEN, WEBER & MAY, 1993; ALLEN, PATTERSON & PROPPER, 1994). Die Befunde bezüglich anderer Textmerkmale, etwa Ausrichtung (Blocksatz oder „Flatterränder“), Unterstreichungen, Fragen im Text, „advanced organizer“[5], Signale[6] oder Merkmale zur Verdeutlichung der Textstruktur (Anordnung bzw. Aufteilung des Textes) waren uneinheitlich. Zwar gibt es Hinweise darauf, dass beispielsweise Fragen im Text, Unterstreichungen oder Signale für Ältere hilfreich sein können, allerdings konnte bislang – angesichts im Einzelfall fehlender Kontrollgruppen – nicht nachgewiesen werden, ob die positiven Effekte einzelner Parameter ausschließlich für ältere Lerner gelten. Darüber hinaus schien der Nutzen verschiedener Parameter weniger vom Alter als vielmehr von bestimmten Fähigkeiten der Rezipienten oder dem Bildungsniveau abzuhängen. Im Zusammenhang mit komplexen Texten stellte Hartley fest, dass die verwendeten Parameter für die jüngeren Leser hilfreich waren, während sie die älteren eher behinderten.

4. Die Lernbereitschaft älterer Arbeitnehmer

Die These von der geringeren Lernbereitschaft älterer Arbeitnehmer dient häufig als Legitimation einer altersdiskriminierenden Weiterbildungsbeteiligungspraxis der Unternehmen und entspricht der Strategie, die rückläufige Teilnahmequote an Qualifizierungsmaßnahmen den Betroffenen selbst zuzuschreiben (vgl. NAEGELE, 1992). Gleichwohl sind bei älteren Arbeitnehmern zweifellos motivationale Barrieren vorhanden, die aus einem Bündel von vermutlich kumulativ auftretenden Faktoren resultieren. Ähnlich wie bei der Lernfähigkeit scheint auch für die Lernbereitschaft älterer Arbeitnehmer nicht ausschließlich das chronologische Alter verantwortlich zu sein. „Generell ist die Fort- und Weiterbildungsbereitschaft abhängig vom bereits vorhandenen Qualifikationsniveau. So gilt auch für ältere Arbeitnehmer, dass die Teilnahmemotivation bei formal besser qualifizierten Beschäftigten und/oder bei den Angehörigen der oberen betrieblichen Statusgruppen höher ist, ebenfalls bei Männern. Dies verweist auf schichten- und geschlechtsspezifische Einflussgrößen, die ihrerseits wiederum Konsequenz entsprechender arbeits- und berufsbezogener Sozialisationserfahrungen sind“ (NAEGELE, 1992, 119 f.; vgl. auch STRAKA & KUWAN, 1994). Demnach zählen sowohl personenbezogene (psychosoziale) Merkmale als auch Bedingungen der Arbeits- und Beschäftigungssituation zu den Determinanten der Lernbereitschaft älterer Erwerbstätiger.

Insbesondere die Internalisierung negativer Rollenstereotype (vgl. LEHR, 1983) trägt häufig zu einem negativen Selbstkonzept, vor allem im kognitiven Bereich, bei und führt zu Zweifeln an der eigenen Leistungs- und Lernfähigkeit. STAUFER (1992) stellt nach einer Auswertung diverser Studien fest, „dass sich mit zunehmendem Alter die Tendenz verstärkt, stabile Faktoren, die in der eigenen Person begründet sind, als die Ursache für Misserfolg anzusehen“ (S. 40 f.). Dieses Attributionsmuster führt dazu, dass die folgenden, die Lernbereitschaft beeinflussenden Charakteristika bei älteren Personen häufiger anzutreffen sind als bei jüngeren: mangelndes Selbstvertrauen, Angst und Unsicherheit in ungewohnten Situationen, Scheu, sich in Lernsituationen zu blamieren, sowie nachlassende Risikobereitschaft (vgl. BRANDENBURG, 1974; VERRES-MÜCKEL, 1974; STAUFER, 1992). Darüber hinaus findet bei den meisten Arbeitnehmern bereits in den mittleren Jahren eine berufliche Umorientierung statt, die dazu führt, dass Motive wie Aufstieg und Sicherung des beruflichen und ökonomischen Status kaum mehr eine Rolle spielen (FRIEDRICH & MEIER, 1984). Hinzu kommt eine mit dem Alter tendenziell höhere Arbeitszufriedenheit (vgl. ENGELBRECH, 1985) sowie wegfallende inner- und außerbetriebliche Mobilitäts- und Veränderungswünsche als Weiterbildungsanreize (NAEGELE, 1992). Daraus resultiert insgesamt eine Abkehr vom Beruf und eine Hinwendung zu außerberuflichen Lebensbereichen (vgl. DIECK, 1988; SATTELBERGER, 1989; PETERS & LUDWIG, 1990). In der Folge entsteht bei dem älteren Erwachsenen sinnlos erscheinenden Lerngegenständen eine geringere Lernbereitschaft als bei Jüngeren, die eher zu „mechanischem“ Lernen fähig sind (vgl. LÖWE, 1971).

Eine mit dem Alter abnehmende Lernbereitschaft lediglich den älteren Arbeitnehmern selbst zuschreiben zu wollen, greift jedoch zu kurz. Vielmehr ist eine Reihe von Bedingungen der Arbeits- und Beschäftigungssituation älterer Arbeitnehmer zu berücksichtigen. So hat das defizitäre Weiterbildungsangebot früherer Jahre zur Folge, dass ältere Arbeitnehmer über wenig Vorerfahrungen mit beruflicher Weiterbildung verfügen und daher die persönliche Verwertbarkeit von Qualifizierungsmaßnahmen in Frage stellen (vgl. MARTIN, 1987; KRUSE, 1988; OLBRICH, 1990). Zudem antizipieren ältere Arbeitnehmer häufig eine besondere Weiterbildungsbelastung, insbesondere wenn sie eine entsprechende altersgerechte Gestaltung der Weiterbildungsmaßnahmen bezweifeln (vgl. HAEBERLIN & LANDECK, 1979). Dafür ist nicht zuletzt die latente Konkurrenz zu jüngeren Kollegen verantwortlich (VERRES-MÜCKEL, 1974).

5 Eine vorgezogene Zusammenfassung, um den Text in einen allgemeineren Kontext einzuordnen (vgl. AUSUBEL, 1978).
6 Hinweise zur Verdeutlichung der Argumentation, z. B. Wörter wie „allerdings“, „andererseits“, „aber“, „daher“ oder „folglich“.

5. Didaktisches Arrangement: Gestaltung der Umgebungsbedingungen

Im Folgenden werden Empfehlungen zur altersgerechten Gestaltung der vier zentralen Umgebungsbedingungen (vgl. Kapitel 2) formuliert, die sich aus den dargestellten und weiteren, hier nicht im Detail referierten Befunden ableiten lassen.

Prinzipiell ist anzumerken, dass, nach dem Verständnis einer Erwachsenenbildung, die die Selbstständigkeit ihrer Teilnehmer als Voraussetzung, Weg und Ziel begreift, die älteren Lernenden als Mitgestalter einer Bildungsmaßnahme einbezogen werden müssen.

5.1 Lehren

Der Wunsch nach und die Fähigkeit zum selbst gesteuerten Lernen sind bei älteren Arbeitnehmern unterschiedlich stark ausgeprägt. Während bei lernungewandten älteren Arbeitnehmern die Gefahr besteht, sie durch die mit einem hohen Selbststeuerungsgrad verbundenen Optionen und Freiheitsgrade zu überfordern, ist für (selbst) lerngewandte ältere Lerner hingegen ein hoher Selbststeuerungsgrad nicht nur akzeptabel, sondern nahezu obligatorisch. Eine zu starke Steuerung durch den Lehrenden und die damit verbundene Schülerrolle wird als störend empfunden. Trotz unterschiedlicher Meinungen und Befunde über den Weg zum selbst gesteuerten Lernen, sollte die Fähigkeit und Bereitschaft zum selbst gesteuerten Lernen eines der wesentlichen Ziele der beruflichen Erwachsenenbildung sein, da es das Ziel der Pädagogik sein sollte, sich selbst überflüssig zu machen.

Zur Förderung des selbst gesteuerten Lernens liegt mittlerweile eine Reihe von Ansätzen vor. Prinzipiell kann selbst gesteuertes Lernen direkt, indirekt oder in einer kombinierten Form aus direkten und indirekten Ansätzen gefördert werden (FRIEDRICH & BALLSTAEDT, 1995; FRIEDRICH & MANDL, 1997). Bei der direkten Förderung handelt es sich im Kern um ein Lernstrategie-Training. Dem Lernenden werden die zum selbst gesteuerten Lernen erforderlichen kognitiven und motivationalen Strategien direkt vermittelt, so dass er letztlich über ein entsprechendes Repertoire an Lernstrategien verfügt, um erfolgreich selbst gesteuert lernen zu können. Bei direkten Förderansätzen wird demnach unmittelbar auf den Lernenden eingewirkt; selbst gesteuertes Lernen ist zwar Ziel, nicht aber notwendigerweise auch Weg der direkten Förderung. Indirekte Ansätze zur Förderung selbst gesteuerten Lernens gehen einen anderen Weg: Über eine entsprechende Gestaltung der Umgebungsbedingungen werden den Lernenden eine Reihe von Spielräumen, Freiheitsgraden und Optionen eingeräumt, so dass selbst gesteuertes Lernen ermöglicht bzw. gefordert, d. h. dass quasi „automatisch" selbst gesteuert gelernt wird. Selbst gesteuertes Lernen ist somit sowohl Weg als auch Ziel indirekter Förderansätze. Die Kombination direkter und indirekter Förderung besteht darin, einerseits Lernumgebungen bereitzustellen, die selbst gesteuertes Lernen ermöglichen und fördern, andererseits die Inhaltsvermittlung zugunsten der Vermittlung methodischer Kompetenzen zu reduzieren, d. h. Lernstrategien explizit zum Gegenstand des Lernens zu machen.

Mehrere Gründe sprechen dafür, dass bei älteren Arbeitnehmern eine Kombination aus direkter und indirekter Förderung selbst gesteuerten Lernens angemessen scheint. Ein prinzipielles Problem der direkten Förderung besteht darin, „dass Personen mit gut ausgeprägten kognitiven Fähigkeiten bzw. mit höherem Entwicklungsstand von Trainingsmaßnahmen häufig stärker profitieren als Personen mit geringer ausgeprägten Fähigkeiten bzw. mit niedrigerem Entwicklungsstand (...). Kognitives Strategietraining kann beispielsweise dann zu lernhemmenden, negativen Trainingseffekten führen, wenn eine Person zuerst eine funktionierende Strategie verlernen muss, bevor sie eine neue Strategie aufbauen kann" (FRIEDRICH & MANDL, 1997). Dies dürfte auf einen Großteil der älteren Arbeitnehmer zutreffen, da bei den gegenwärtigen Kohorten älterer Arbeitnehmer überdurchschnittlich häufig ein niedriges Bildungsniveau mit geringen kognitiven Anforderungen während des Berufslebens einhergeht und überdies davon auszugehen ist, dass sich bei älteren Arbeitnehmern im Laufe ihrer Lernbiographie Techniken und Strategien ausgebildet und verfestigt haben. Zwar lernen Ältere nur bedingt so am besten, wie sie es gewohnt sind (SCHMIEL, 1989), dennoch dürfte es älteren Lernenden schwer fallen, ihre Gewohnheiten zugunsten „neuer" Strategien aufzugeben. Noch entscheidender sind aber vermutlich motivationale Barrieren Älterer in Strategietrainings: Ältere sind im Gegensatz zu Jüngeren kaum zu mechanistischem, sinnfreiem Lernen fähig (LEHR & WILBERS 1992). Ein „inhaltsfreies" Training von Lernstrategien und Techniken, ohne Bezug zu den Anforderungen des eigenen Arbeitsplatzes, dürfte den Ansprüchen Älterer an Lernprozesse entgegenstehen. Überdies hat sich gezeigt, dass die in direkten Förderansätzen erlernten Strategien häufig „verkümmern", wenn sie nicht in entsprechenden Lernumgebungen angewendet, geübt und verfestigt werden können. Ein weiterer Kritikpunkt an direkten Ansätzen bezieht sich auf das Transferproblem: Lernende haben oftmals Schwierigkeiten, die erlernten Strategien in einem anderen Kontext anzuwenden. Im Zusammenhang mit indirekten Förderansätzen hat es sich als problematisch erwiesen, dass die von den entsprechend gestalteten Lernumgebungen bereitgestellten Freiheitsgrade von einer Reihe von Lernenden nicht adäquat genutzt werden können und es somit häufig zur Überforderung der Lernenden kommen kann.

Neben der Förderung des selbst gesteuerten Lernens liegen weitere Hinweise zur Gestaltung der Umgebungsbedingung Lehre vor, die anschließend skizziert werden sollen:

- Älteren Lernenden mit geringem inhaltlichem Vorwissen kann der Zugang zum Lehrstoff durch die Bildung von Analogien und Beispielen zu bereits Bekanntem erleichtert werden. Allerdings ist in diesem Zusammenhang das Problem der Hyperhabituation zu beachten: Ältere Lernende tendieren häufig dazu, neue Informationen zu schnell als bekannt einzuschätzen, woraufhin Aufmerksamkeit und Anstrengung nachlassen (vgl. PETERS & LUDWIG, 1990).

- Eine übersichtliche Gliederung, gute Strukturierung des Lernstoffs, Kenntnisse über den Gesamtzusammenhang und eine Reduktion der Komplexität des Stoffs am Anfang der Qualifizierungsmaßnahme fördern das Lernen älterer Erwachsener in stärkerem Maße als bei Jüngeren (STAUFER, 1992).
- Beim computerunterstützten Lernen älterer Arbeitnehmer ist, zumindest in der Anfangsphase, eine personale Beratung und Betreuung durch didaktisch versierte Tutoren zu gewährleisten. Ob die persönliche Anwesenheit der Tutoren durch virtuelle Kontakte mittels diverser Telekommunikationstechniken – wie z. B. im Rahmen der sog. „Telematischen Lernsysteme“ praktiziert – ersetzt werden kann, scheint angesichts der massiven Wünsche älterer Lernender nach persönlicher Betreuung fraglich. Das Qualifikationsprofil der einzusetzenden Tutoren sollte neben Hard- und Softwarekenntnissen insbesondere Kenntnisse aus der Erwachsenenbildung, speziell über die Besonderheiten im Lernverhalten älterer Erwachsener, umfassen (FRIEDRICH & MEIER, 1984). Als optimal für die Betreuung von älteren Arbeitnehmern während und nach Qualifizierungsmaßnahmen haben sich „lokale Experten“ erwiesen (vgl. BENDA, STAUFER & JAMNIG, 1989; STRAKA & STÖCKL, 1993), die im Rahmen einer kooperativen Selbstqualifizierung älterer Arbeitnehmer als Ansprechpartner zur Verfügung stehen. Die lokalen Experten sind vertraute Kollegen, die im Optimalfall aus der gleichen Altersgruppe stammen (vgl. FRIEDRICH & MEIER, 1984).

5.2 Aufgabe

Hinsichtlich der altersgerechten didaktischen Gestaltung der Umgebungsbedingung Aufgabe liegen folgende Hinweise vor (vgl. ZANDRI & CHARNESS, 1989; VOLPERT, 1985; SIEHLMANN, 1997):

- Bei der Gestaltung von Aufgaben scheint es keinen „Königsweg“ zu geben. Prinzipiell ist jedoch sowohl Unter- als auch Überforderung zu vermeiden. Da dies individuell sehr unterschiedlich empfunden werden kann, ist ein breites Spektrum an Aufgaben unterschiedlicher Komplexität bereitzustellen und an die jeweiligen Bedürfnisse des einzelnen älteren Arbeitnehmers anzupassen.
- Ältere Arbeitnehmer sollten bei der Entwicklung von Aufgabenstellungen möglichst mit einbezogen werden, um Akzeptanz und Lernbereitschaft zu verbessern.
- Da mit dem Alter die Sinnkomponente in der Motivation zunimmt und damit dem inhaltlichen Interesse eine größere Bedeutung zukommt, sind insbesondere Auf-

gaben mit einer hohen Realitätsnähe angezeigt. Die Aufgaben sollten sich durch einen starken Bezug zur Arbeitswelt der Betroffenen auszeichnen und möglichst für deren Arbeitsgebiet typisch sein.

- Jede einzelne Aufgabe sollte die Struktur eines vollständigen Arbeitsauftrags haben. Spätere Aufgaben sollten weitgehend die früher gestellten Anforderungen und zusätzlich neue Anforderungen enthalten.
- Im Zusammenhang mit älteren Lernenden scheint es angebracht, die Erklärung von Fachbegriffen unmittelbar in die Aufgaben einzubinden, statt sie im Rahmen eines separaten Glossars zu erklären.

5.3 Medium

Die Hinweise für die Gestaltung der Umgebungsbedingung Medium stehen insbesondere mit den Kenntnissen und Fähigkeiten Älterer im Umgang mit Medien sowie der Informationsverarbeitungs- und Wahrnehmungsfähigkeit älterer Arbeitnehmer in Zusammenhang:

- Ältere Arbeitnehmer hatten während ihrer Schulzeit bzw. in der außerschulischen Bildung oftmals nur wenig Gelegenheit, die zur Verarbeitung piktorialer Codes erforderlichen Fähigkeiten angemessen zu entwickeln. Um neben dem Erkennen des Dargestellten auch das indikatorische Bildverstehen, d. h. das Erkennen und Interpretieren der Bildelemente als Hinweise (Indikatoren) des Bildproduzenten, zu unterstützten, bieten sich folgende Möglichkeiten an (vgl. WEIDENMANN, 1991):
  - Die Verwendung von Steuerungscodes, d. h. *bildliche* Mittel, um die Wahrnehmung und Verarbeitung durch den Betrachter zu unterstützen, etwa durch die Verwendung der gleichen Farbe bei zusammengehörenden Elementen, die Anordnung der Bildelemente in Leserichtung, um den Blickverlauf zu kontrollieren, die Verwendung der Zoom- oder Zeitlupentechnik bei Videos, um Details oder Schlüsselstellen hervorzuheben, den sukzessiven Aufbau komplexer Darstellungen mittels Zeichentricks oder Animationen etc.
  - Die Verwendung *sprachlicher* Hinweise, z. B. in Form von Bild-Legenden, die die wesentlichen Aussagen des Bildes unterstreichen und den Lernenden beim visuellen Abtasten des Bildes leiten; Instruktionen im Text, die dem Lernenden die Zusammenhänge zwischen Bild und Text verdeutlichen bzw. auf die Bedeutung des Bildes für das Lehrziel hinweisen; Aufgaben, die den Lernenden zur zielorientierten und intensiven Auseinandersetzung mit dem Bild anregen.
  - Der beste Weg, sich mit piktorialen Codes vertraut zu machen, besteht darin, sie selbst zu produzieren. Eine weitere Möglichkeit, die Bildlese-Fähigkeit älterer Arbeitnehmer zu fördern, könnte demnach darin bestehen, innerhalb der Quali-

fizierungsmaßnahme zur Anfertigung von Skizzen, Diagrammen etc. aufzufordern (vgl. WEIDENMANN, 1991). Eine zunehmende Gestaltung von Bildern durch die älteren Arbeitnehmer, auch im beruflichen Alltag, kann deren Umgang mit piktorialen Codes verbessern.

- Offensichtlich haben ältere Arbeitnehmer die wenigsten Probleme mit dem Verarbeiten von komplexen, realistischen Darstellungen. Auf die Verwendung einfacher, abstrakter Bilder sollte daher möglichst verzichtet werden.

- Die Verwendung von Farben beim computerunterstützten Lernen älterer Arbeitnehmer hat nicht dem ästhetischen Empfinden der Lehrenden zu folgen, sondern muss sich an den Erkenntnissen zum Farbwahrnehmungsvermögen im Alter orientieren. Wie oben (S. 96) ausgeführt, zeigen Untersuchungen, dass, vereinzelt bereits ab dem 50., verstärkt ab dem 60. Lebensjahr zunächst die Wahrnehmung kurzer Wellenlängen (z. B. Blau und Grün) und anschließend das restliche Spektrum von Einschränkungen betroffen ist, während die Wahrnehmung langer Wellenlängen (Rot) relativ lange unbeeinflusst bleibt. Diese Ergebnisse sprechen grundsätzlich für die Verwendung von Farben langer Wellenlängen, um den Einfluss altersbedingter Farbwahrnehmungs- und -unterscheidungsdefizite auf Verstehensprozesse auszuschließen. Die Unterscheidungsfähigkeit ist bei reinen Farbtönen offensichtlich am wenigsten eingeschränkt, so dass Personen, unabhängig vom Alter, zwischen Variationen innerhalb einer Farbe besser differenzieren können als zwischen zwei ähnlichen Farben; innerhalb des Spektrums an Rottönen scheint die Unterscheidungsfähigkeit am besten ausgeprägt zu sein. Außer bei Rot, Purpur und Purpurblau scheinen Personen unabhängig vom Alter Schwierigkeiten beim Unterscheiden blasser Farben (niedrige Sättigung) zu haben.

- Bezüglich der Gestaltung von Lehrtexten liegt eine Reihe elaborierter Hinweise vor, Gleiches gilt für Text-Bild-Kombinationen. Ältere Lernende dürften insbesondere von der Verwendung größerer Zeichen profitieren. Darüber hinaus liegen einige Anzeichen vor, die vermuten lassen, dass Ältere von verschiedenen Designparametern wie Unterstreichungen, am rechten Rand nicht-ausgerichteten Rändern („Flatterränder"), Fragen im Text oder Signalen zur Verdeutlichung der Argumentation profitieren können – diese Hinweise konnten bislang jedoch empirisch nicht mit Sicherheit bestätigt werden. Es scheint deshalb angezeigt, ältere Lernende in den Textentwicklungs-, -gestaltungs- und -evaluationsprozess einzubeziehen.
- Die weiteren Aspekte sind beim Lernen älterer Arbeitnehmer am bzw. mit dem Computer von zentraler Bedeutung:

  – Eine Positivdarstellung, d. h. schwarze Zeichen auf hellem Grund, ist offensichtlich leistungsförderlicher sowie subjektiv angenehmer. Die Mindestgröße alphanumerischer Zeichen auf dem Bildschirm sollte mindestens 4 bis 4,5 mm betragen (BENDA, 1992).

- Da ältere Arbeitnehmer Zeitdruck beim Lernen als besonders belastend empfinden (LÖWE, 1971), ist ein vom System induzierter Zeitdruck zu vermeiden. Dies erfordert den Verzicht auf Techniken, die den Aufforderungscharakter der Software verstärken. Eingabeaufforderungen des Lernprogramms nach einer gewissen „Untätigkeit" des Lernenden (keine Tastatureingaben oder Mausbewegungen) sowie ein blinkender Cursor sind deshalb zu vermeiden (vgl. BENDA, STAUFER & JAMNIG, 1989).
- Ältere Arbeitnehmer sind im Umgang mit Computern ungeübt und daher häufig verängstigt. Deshalb besteht die Gefahr, dass sie, aus einem übersteigerten Sicherheitsbedürfnis heraus, möglichst viele Befehle auswendig lernen, was zu Frustration durch Überforderung und Fehler durch Verwechslung führen kann. Um dem entgegenzuwirken, sollte der Lehrstoff in drei Kategorien unterteilt werden: a) Inhalte, die unbedingt (auswendig) gelernt werden müssen, b) Inhalte, die verstanden werden müssen und c) solche, bei denen ein tieferes Verständnis nicht notwendig ist (STAUFER 1992).

• Bei der Frage nach der Gestaltung der Medien werden außerdem Aspekte einer altersadäquaten Hardwaregestaltung tangiert. In diesem Zusammenhang ist darauf hinzuweisen, dass der Einhaltung bestehender Normen, Richtlinien und Empfehlungen zur ergonomischen Gestaltung von Bildschirmarbeit (vgl. BENDA, 1988, 1992) gerade bei älteren Mitarbeitern eine besondere Bedeutung zukommt. Insbesondere in Klein- und Mittelbetrieben ist dies aus Unkenntnis und/oder unzureichender Vertretung der Mitarbeiterinteressen nicht immer der Fall (BENDA, 1988). Angesichts des mit dem Alter einhergehenden Verlusts an Sehschärfe ist vor allem auf eine hohe Auflösung und Wiederholfrequenz der Bildschirme zu achten. Die verwendeten Bildschirme sollten darüber hinaus möglichst groß (17 Zoll) sein. Reduzierte Tastaturen oder farblich gekennzeichnete Tasten können dazu beitragen, eine kognitive Überlastung Älterer zu vermeiden (DANOWSKI & Sacks, 1980).

5.4 Sozialform

Bei unsicheren Lernenden kann kooperatives Lernen mit einem Lernpartner dazu beitragen, anfängliche Ängste der älteren Lernenden abzubauen. Partnerarbeit darf jedoch kein didaktisches Alibi für ökonomische Zwänge – beispielsweise eine ungenügende Hardwareausstattung – sein. Im Einzelfall sollten hier die Präferenzen der Lernenden den Ausschlag geben. Optimal sind in diesem Zusammenhang Qualifizierungsmaßnahmen, in denen sowohl individuelles als auch kooperatives Lernen möglich ist. Darüber hinaus sollte Partnerarbeit nicht nur dazu dienen, Ängste und

Unsicherheiten zu vermeiden, sondern vielmehr eingesetzt werden, um die Vorteile kooperativer Lernprozesse gezielt zu nutzen: die unterstützende Funktion von Gruppen (z. B. geteilte Verantwortlichkeit, erweiterter Wissensaufbau) und den kognitiven Konflikt, den die Interaktion in Gruppen häufig mit sich bringt. Diskutieren und Kooperieren mit anderen erfordert, den eigenen Standpunkt zu elaborieren und zu rechtfertigen, was zu einem tieferen Verständnis beitragen kann.

6. Flankierende Personal- und Organisationsentwicklungsmaßnahmen

Lernen im Betrieb läuft in einem Bedingungsrahmen fördernder und hemmender Faktoren ab, die durch die Organisation des Betriebes, insbesondere die Personalentwicklung geprägt ist. In diesem Kapitel sollen Anregungen skizziert werden, die über die Gestaltung des bisher beschriebenen (mikro-)didaktischen Arrangements hinausgehen und übergreifende betriebliche Rahmenbedingungen einer altersgerechten Qualifizierung betreffen.

Vorfeldarbeiten

Gerade bei der Bildungsarbeit mit älteren Arbeitnehmern kommt den Aktivitäten im Vorfeld der eigentlichen Bildungsmaßnahme eine zentrale Bedeutung zu. Hierzu liegt bereits eine Reihe von Vorschlägen vor (FRIEDRICH & MEIER, 1984; PETERS & LUDWIG, 1990; STAUFER, 1992) Dazu gehören beispielsweise die Schaffung von Transparenz im Bildungsangebot, eine gezielte und wiederholte Ansprache der älteren Arbeitnehmer, die frühzeitige und umfassende Information über Ziele und Ablauf der Bildungsmaßnahme, eine individuelle Bedarfsermittlung und Beratung der Teilnehmer etc.

Förderung der Lernbereitschaft

Verschiedene Befunde deuten darauf hin, dass das Erleben von Autonomie, Kompetenz und sozialer Einbindung (DECI & RYAN, 1985; DECI & FLASTE, 1995) sowie die erlebte Instruktionsqualität (vgl. PRENZEL, EITEL, F., HOLZBACH, R.; SCHOENHEINZ, R. J. & SCHWEIBERER, 1993) die Lernbereitschaft am Arbeitsplatz beeinflussen kann. Die vier Erlebensqualitäten lassen sich im Arbeitskontext wie folgt beschreiben (vgl. STRAKA & SPEVACEK, 1997):

- Autonomieerleben liegt vor, wenn eine Person den Eindruck hat, beim Lernen im Betrieb über Handlungsspielräume zu verfügen, etwa indem sie Lernziele selbst definiert und Aufgaben nach eigenen Zeitplänen erledigen kann.

- Kompetenzerleben erfährt eine Person dann, wenn sie sich beim Lernen im Betrieb selbst wirksam erlebt und sie den Eindruck hat, ihre Aufgaben sachverständig und erfolgreich zu erledigen.
- Erlebte soziale Einbindung erfährt eine Person, wenn ihre Qualifizierungsbemühungen durch Vorgesetzte und Kollegen/-innen anerkannt werden und sie sich in die Betriebsgemeinschaft eingebunden fühlt.
- Erlebte Instruktionsqualität liegt vor, wenn eine Person die Merkmale von Instruktion über Lehrprogramme, Lehrbücher usw. als positiv und wirksam erlebt.

Diese Erlebensqualitäten werden von einer Reihe weiterer Arbeitsplatzbedingungen beeinflusst. Im Zusammenhang mit den motivationalen Besonderheiten älterer Arbeitnehmer (vgl. Kapitel 4) sind deshalb Personal- und Organisationsentwicklungsmaßnahmen angezeigt, die zur Unterstützung des Erlebens von Autonomie, Kompetenz, sozialer Einbindung und Instruktionsqualität beitragen. Zu nennen sind insbesondere Qualifizierungsmaßnahmen für Vorgesetzte (vgl. FARR, 1995), Maßnahmen zur Förderung sozialer Unterstützung (STAUFER, 1992) und nicht zuletzt eine prospektive Arbeitsgestaltung für ältere Arbeitnehmer (HACKER, 1995).

Altersgerechte Gestaltung der physikalischen Lernumgebung

Die mit dem Alter einhergehenden biologischen Veränderungsprozesse kommen häufig in der nachlassenden Leistungsfähigkeit der Sinnesorgane zum Tragen. Daher ist auch die erweiterte physikalische Lernumgebung, in der gelernt wird – der Arbeitsplatz oder ein separater Lernplatz –, an die veränderten Voraussetzungen älterer Arbeitnehmer anzupassen:

- Der mit dem Alter zunehmende Verlust an Sehschärfe erfordert eine Verbesserung der Beleuchtungsbedingungen am Lern- bzw. Arbeitsplatz. Ältere bevorzugen gegenüber Jüngeren ein 2- bis 6-fach höheres Beleuchtungsniveau. Da auch die Adaptionsfähigkeit des Auges bereits im Alter von 40 Jahren deutlich nachlässt und es darüber hinaus zu einer stärkeren Trübung der Augen kommt, sind ältere Menschen besonders blendempfindlich. Um unerwünschte Reflexe, Schatten oder zu große Kontraste zu vermeiden, muss das gesamte Arbeitsumfeld ggf. umgestaltet werden (BENDA, STAUFER & JAMNIK, 1989).
- Lärm kann konzentriertes Lernen beeinträchtigen; dies trifft insbesondere auf ältere Arbeitnehmer zu, deren Lernprozess störanfälliger ist als der jüngerer (LÖWE, 1971). Da sich Lärm am Arbeitsplatz nicht immer vermeiden lässt, sollten besonders abgeschirmte Lernplätze eingerichtet werden, die dem älteren Lernenden bei Bedarf zur Verfügung stehen.

7. Ältere Arbeitnehmer und Informationstechnik

Gerade der Bereich „Informationstechnik" weist eine Reihe von Merkmalen auf, welche die unterschiedlichen Lernvoraussetzungen älterer und jüngerer Lernender in besonderer Weise demonstrieren:

- Beim Thema Informationstechnik kommen die negativen Altersstereotype besonders zum Tragen; dies gilt sowohl für Kollegen und Lehrende als auch für die Betroffenen selbst (vgl. GARFEIN, SCHAIE & WILLIS, 1988; ROTT, 1988; RYAN, SZECHTMAN & BODKIN, 1992).
- Angesichts der fehlenden Berücksichtigung des Themas in der Lernbiographie bestehen für ältere Beschäftigte keine oder nur wenige Anknüpfungsmöglichkeiten an bisherige Erfahrungen. Dies kann Ängstlichkeit und Unsicherheit der Älteren verstärken.
- Beim Umgang mit Software muss häufig eine große Anzahl von Befehlen erinnert werden. Ältere haben jedoch gerade beim Behalten „sinnloser" Einzelinformationen Schwierigkeiten.
- Der Umgang mit dem Computer beansprucht insbesondere Funktionen der fluiden Intelligenz, bei denen am ehesten mit einem Altersabbau zu rechnen ist.
- Erfolgreiches Lernen und Arbeiten mit dem Computer kann zur Stärkung des aufgrund von Altersstereotypen häufig negativ gefärbten Selbstkonzepts älterer Menschen beitragen (vgl. DANOWSKI & SACKS, 1980; WHITE et al., 1995).

Abschließend sollen deshalb Ergebnisse aus drei Modellversuchen im Themenbereich „Ältere Arbeitnehmer und Informationstechnik" skizziert werden, in denen zentrale Empfehlungen der oben beschriebenen Ansätze einer altersgerechten Didaktik umgesetzt wurden. Die Besonderheit der drei Wirtschaftsmodellversuche TECA (Technische Zeichner und CAD; STRAKA & STÖCKL, 1993, 1994; STÖCKL & STRAKA, 1995, 1995a), FESILI (Forschungs- und Entwicklungsprojekt selbst gesteuertes, individuelles Lernen am PC für Mitarbeiter/-innen in der zweiten Hälfte des Erwerbslebens; vgl. STRAKA, LÖDIGE-RÖHRS & WILCKHAUS, 1992; STRAKA, KLEINMANN & WILCKHAUS, 1994) und SELA (Selbst organisiertes Lernen älterer Erwerbspersonen und arbeitsplatzbezogenes Lernen; HOBUSCH, 1997, 1997a; SIEHLMANN, 1997; STRAKA & SPEVACEK, 1997) liegt darin, dass Informationstechnik nicht nur Ziel, d. h. Inhalt, sondern auch Weg der Qualifizierungsmaßnahme darstellt: Computerunterstütztes Lernen (CUL) spielt eine zentrale Rolle in den drei Modellversuchen. Die Besonderheiten des CUL-Einsatzes bei älteren Arbeitnehmern sollen im Folgenden kurz skizziert werden:

- In zahlreichen Untersuchungen finden sich Hinweise auf eine erschwerte Umstellungsfähigkeit Älterer auf die für viele von ihnen ungewohnte Lernsituation

(Arbeitsgruppe Alternsforschung, 1971). Ältere Arbeitnehmer profitieren demnach besonders davon, wenn der Kontext der Trainingssituation dem der Arbeitssituation möglichst ähnlich ist (ANDERSON, 1980). Größere Praxisnähe und ein deutlicherer beruflicher Bezug der Lernaufgaben hat ebenfalls positiven Einfluss auf den Lernerfolg älterer Arbeitnehmer (LÖWE, 1971). In den Modellversuchen TECA, FESILI und SELA steht der Computer am Arbeitsplatz bei Bedarf zur Verfügung und ermöglicht das „Lernen in der Ernstsituation". Ältere Arbeitnehmer müssen sich nicht auf völlig ungewohnte Lernsituationen einstellen und profitieren von der vertrauten Umgebung ihres Arbeitsplatzes.

- Die in den Modellversuchen eingesetzten computerunterstützten Lernprogramme lassen individuelle Lern- und Problemlösegeschwindigkeiten zu und erlauben die beliebige Wiederholbarkeit des Lernprozesses. Ältere Arbeitnehmer profitieren in besonderem Maße davon, wenn sie ihr Lerntempo selbst steuern können (BELBIN, 1970).
- Viele Teilnehmer, unabhängig vom Alter, bemängeln Zeitdruck und fehlende Übungsphasen in Qualifizierungsmaßnahmen. Der Druck des operativen Geschäfts verhindert eine eingehendere Beschäftigung mit dem Lehrstoff. Gerade ältere Arbeitnehmer benötigen aber oft mehr Zeit. Computerunterstütztes Lernen am Arbeitsplatz gewährleistet ausreichende Übungsphasen.
- Innerhalb der „Sicherheitszelle Lernprogramm" kann exploratorisch gelernt werden (GREIF, 1989). Fehler verlieren ihren bedrohlichen Charakter und werden als Herausforderung und Chance zum Weiterlernen betrachtet. In den Modellversuchen TECA, FESILI und SELA hat dies dazu beigetragen, die bei Älteren oftmals auftretenden Lernhemmnisse (GUMMERSBACH, 1976; HEEMSKERK, 1978) abzubauen und den Mut zum Ausprobieren zu fördern (STAUFER, 1992).
- Die Lernvoraussetzungen älterer Arbeitnehmer sind nicht homogen. Lernungewohnte ältere Lerner, die während der Schulzeit und in der außerschulischen Bildung nur wenig Möglichkeit zur Selbststeuerung beim Lernen und dem Aufbau der dazu erforderlichen Fähigkeiten hatten, benötigen und bevorzugen vermutlich ein höheres Maß an instruktionaler Unterstützung als lerngewandte ältere Lerner, für die Selbststeuerung beim Lernen nicht nur akzeptabel, sondern nahezu obligatorisch ist und die eine zu starke externe Steuerung des Lernprozesses und die damit verbundene Schülerrolle häufig als störend empfinden (vgl. NEBER, WAGNER & EINSIEDLER, 1978). Die in den Modellversuchen eingesetzten computerunterstützten Lernsysteme überlassen dem Lernenden die Wahl des Selbststeuerungsgrades beim Lernen durch ein fein abgestuftes „Angebot" zwischen Programm- und Lernersteuerung und fördern so außerdem das Erleben von Autonomie und Instruktionsqualität.
- Die in den Modellversuchen beim Lernen mit dem Computer aufgebauten Problemlösestrategien können auf eine Reihe anderer Bereiche übertragen werden.

Transfereffekte entstehen insbesondere in Bezug auf den Umgang mit anderen Informations- und Telekommunikationstechniken im Arbeitsleben und im Alltag (vgl. ROTT, 1988).

- Die verwendeten Lernsysteme lassen unterschiedliche Präsentationsformen (Text, Ton, Grafik, Animationen, Stand- und Bewegtbild) und deren Kombination zu und ermöglichen dadurch die Wahl bevorzugter Codierungsformen (vgl. WEIDENMANN, 1995). Dies dürfte den vermutlich unterschiedlichen Präferenzen älterer Lerner für bestimmte Präsentationsformen entgegenkommen (SCHNEIDER, 1993). Außerdem weisen die Lernsysteme eine größere Realitätsnähe, einen deutlicheren Bezug zum Arbeitsplatz oder zu beruflich relevanten Situationen auf und tragen somit zu einer Steigerung der Authentizität bei (vgl. MANDL, GRUBER & RENKL, 1994; WEIDENMANN, 1995), was die Lernleistung Älterer verbessern kann (vgl. LÖWE, 1971).
- Die Lernsysteme ermöglichen sowohl individuelles als auch kooperatives Lernen. Der Lerner plant seine eigenen Lernprojekte, indem er seinen Lernbedarf inhaltlich und formal in enger Zusammenarbeit mit möglichen Mitlernern, Multiplikatoren oder Tutoren an seinem Arbeitsplatz ermittelt, geeignete praxisrelevante Lernaufgaben auswählt und die Ressourcen in Form von Zeit, individuellem Aufwand, Medieneinsatz oder Hilfseinsätze selbst plant und gestaltet. Gleichzeitig legt er mit anderen Lernern Gruppenprojekte fest, die jeweils in Teilgruppen bearbeitet werden. Durch diese Projektlernstruktur wird versucht, einen Teil der Arbeitsrealitäten in die klassischen Lernstrukturen zu importieren. Der Aufbau einer für die Aufgabenbearbeitung notwendigen Kommunikationskompetenz wird gefördert, indem der Lernende seine soziale Umwelt in aktiver Weise problemlösend einzubeziehen lernt. Während „normale" CBT-Programme eine Hauptaufgabe darin sehen, kommunikative Interaktionen zwischen Personen zu ersetzen, werden beispielsweise im Modellversuch SELA die Möglichkeiten des EDV-Systems dahin gehend genutzt, lernbedeutsame zwischenmenschliche Interaktionen zu intensivieren, die darüber hinaus das Erleben von Kompetenz und sozialer Einbindung fördern können (HOBUSCH, 1997, 1997a; STRAKA & SPEVACEK, 1997).

Neben dem prinzipiellen Bedarf an altersgerechten Qualifizierungsmaßnahmen und dem steigenden Einsatz computerunterstützter Lernsysteme in der beruflichen Weiterbildung spricht folglich – und das ist letztlich entscheidend – auch eine Reihe von didaktischen Gründen dafür, computerunterstütztes Lernen als Methode zur Fort- und Weiterbildung älterer Arbeitnehmer in Betracht zu ziehen.

Literatur

ALLEN, P. A., PATTERSON, M. B. & PROPPER, R. E. (1994): Influence of letter size in age differences in letter matching, in: Journal of gerontology, (49) 1, 24–28.

ALLEN, P. A., WEBER, T. A. & MAY, N. (1993): Age differences in letter and color matching: selective attention or internal noise, in: Journal of gerontology, (48) 2, 69–77.

ANDERSON, J. R. (1980): Cognitive psychology and its implications, San Francisco: Freeman.

ARBEITSGRUPPE ALTERNSFORSCHUNG (1971): Altern – psychologisch gesehen, Braunschweig: Westermann.

AUSUBEL, D. P. (1978): In defence of advance organizers: a reply to critics, in: Review of Educational Research, (48) 2, 251–276.

BÄCKER, G. (1979): Der ältere Arbeitnehmer auf Arbeitsplatz und Arbeitsmarkt, in: Sozialer Fortschritt, 3–5.

BÄCKER, G. (1981): Die Situation älterer Arbeitnehmer auf Arbeitsplatz und Arbeitsmarkt und beim Übergang in den Ruhestand, Diss., Bremen: Universität Bremen.

BALTES, P. B. (1984): Intelligenz im Alter, in: Spektrum der Wissenschaft, 5, 46–50.

BALTES, P. B. (1990): Entwicklungspsychologie der Lebensspanne, in: Psychologische Rundschau, 41, 1–24.

BELBIN, E. (1970): The discovery method in training older workers, in: H. L. Sheppard (Hrsg.): Towards an industrial gerontology, Cambridge, MA: Schenkman, 56–60.

BELBIN, R. M. (1967): Methoden der Aus- und Weiterbildung älterer Arbeitskräfte, Berlin: RKW.

BENDA, H. v. (1988): Ältere Arbeitnehmer und moderne Informationstechniken in Büro und Verwaltung, in: F. Ruppert & E. Frieling (Hrsg.): Psychologisches Handeln in Betrieben und Organisationen, Bern u. a. : Huber, 136–146.

BENDA, H. v. (1992): Die Gestaltung computerunterstützter Arbeit für ältere Arbeitnehmer, in: H. Bubb & W. v. Eiff (Hrsg.): Innovative Arbeitssystemgestaltung: Mensch, Organisation, Information und Technik in der Wertschöpfungskette, Köln: Wirtschaftsverlag Bachem, 265–272.

BENDA, H. v., STAUFER, M. & JAMNIG, S. (1989): Ältere Arbeitnehmer und moderne Bürokommunikation, Endbericht zu dem Projekt „Analyse der besonderen Probleme für Belegschaftsgruppen beim Einsatz von neuen Informations- und Kommunikationstechniken – Problemanalyse am Beispiel älterer Arbeitnehmer und Bildschirmarbeit“ (BMFT, HdA, 01 HK 136 0), Erlangen: Institut für Psychologie I.

BMBF (Bundesministerium für Bildung, Wissenschaft, Forschung und Technologie) (1996): Berichtssystem Weiterbildung VI, Integrierter Gesamtbericht zur Weiterbildungssituation in Deutschland, Bonn.

BRANDENBURG, G. (1974): Der Lernerfolg im Erwachsenenalter, Göttingen: Verl. Otto Schwarz.

BUSSE, E. W. (1993): Duke University Longitudinal Studies of Aging, in: Zeitschrift für Gerontologie, 26, 123–128.

COOPER, B. A., WARD, M., GOWLAND, C. A. & McIntosh, J. M. (1991): The use of the Lanthony New Color Test in determining the effects of aging on color vision, in: Journal of gerontology, (46) 6, 320–324.

COSTA, P. T. & MCCRAE, R. R. (1993): Psychological research in the Baltimore Longitudinal Study of Aging, in: Zeitschrift für Gerontologie, 26, 138–141.

DANOWSKI, J. A. & SACKS, W. (1980): Computer Communication and the Elderly, in: Experimental Aging Research, (6) 2, 125–135.

DECI, E. L. & FLASTE (1995): Why we do what we do. The dynamics of personal autonomy. New York: Grosset/Putnam.

DECI, E. L. & RYAN, R. M. (1985): Intrinsic motivation and self-determination in human behaviour. New York: Wiley.

DIECK, M. (1988): Erwerbsarbeit im Kontext individueller Wohlfahrtsoptimierung: Langfristig angelegte Bewertungsänderungen von Arbeit und Privatleben finden statt, in: Sozialer Fortschritt, (37) 2/3, 46–55.

ENGELBRECH, G. (1985): Zur Selbsteinschätzung der beruflichen Leistungsfähigkeit älterer Arbeitnehmer, in: MittAB, (18) 1, 105–115.

FRIEDRICH, H. F. & BALLSTAEDT, S. P. (1995): Förderung von Lernprozessen und Lernstrategien, in: Grundlagen der Weiterbildung, (6) 4, 207–211.

FRIEDRICH, H. M. & MANDL, H: (1997): Analyse und Förderung selbstgesteuerten Lernens, in: F. W. Weinert & H. Mandl (Hrsg.): Psychologie der Erwachsenenbildung. Enzyklopädie der Psychologie, D, Serie I, Pädagogische Psychologie, Band 4: Erwachsenenbildung. Göttingen: Hogrefe.

FRIEDRICH, W. & MEIER, R. (1984): Bedingungen erfolgreicher beruflicher Qualifizierung älterer Arbeitnehmer im Betrieb, Köln: Institut für Sozialforschung und Gesellschaftspolitik (ISG).

GARFEIN, A. J., SCHAIE, K. W. & WILLIS, S.L. (1988): Microcomputer Proficiency in Later-middle-aged and Older Adults: Teaching Old Dogs New Tricks, in: Social Behaviour, 3, 131–148.

GREIF, S. (1989): Exploratorisches Lernen durch Fehler und qualifikationsorientiertes Software-Design, in: S. Maaß & H. Oberquelle (Hrsg.): Software Ergonomie '89, Stuttgart, 204–212.

GUMMERSBACH, A. (1976): Die berufliche Umschulung, Berlin: Schmidt, 98–111.

HACKER, W. (Hrsg.) (1995): Erwerbsarbeit der Zukunft. Prospektive Arbeitsgestaltung auch für ältere Arbeitnehmer, Bericht über ein Projekt des Projektträgers Arbeit und Technik beim Bundesministerium für Forschung und Bildung (BMBF) der Bundesrepublik Deutschland; Projektnummer 01 HH 521/5, Dresden: Technische Universität.

HAEBERLIN, F. & LANDECK, K.-J. (1979): Einstellung zur Weiterbildung in Abhängigkeit von demographischen Merkmalen, in: Zeitschrift für Soziologie, (8) 3, 220–229.

HARKE, D. (1983): Lernschwierigkeiten in der beruflichen Weiterbildung, Hagen: Fernuniversität.

HARTLEY, J. (1994): Designing instructional text for older readers: a literature review, in: British Journal of Educational Technology, (25) 3, 172–188.

HEEMSKERK, J. J. (1978): Aspekte und Ergebnisse zum Lernen im Erwachsenenalter, in: W. Schulenberg (Hrsg.): Erwachsenenbildung, Darmstadt: Wiss. Buchges., 379–405.

HOBUSCH, J. (1997): Zwischenbericht 1996/1997 zum Wirtschaftsmodellversuch SELA. Teil I: Das SELA-Lernsystem. Bremen: Bildungszentrum der Wirtschaft im Unterwesergebiet e. V. (BWU).

HOBUSCH, J. (1997a): Zwischenbericht 1996/1997 zum Wirtschaftsmodellversuch SELA. Teil II: Das SELA-Lernboard. Bremen: Bildungszentrum der Wirtschaft im Unterwesergebiet e. V. (BWU).

HOF, B. (1993): Bevölkerungsentwicklung, Zuwanderung, Arbeitsmarkt. Zukunftsszenarien über die zwölf EG-Staaten, in: forum demographie und politik, 4 (hrsg. von der Kommission Demographischer Wandel/Seniorenpolitik beim SPD-Parteivorstand, Bonn), 63–90.

HOFFMANN, E. (1993): Zur Beschäftigung älterer Arbeitnehmer in Westdeutschland – Qualitative und quantitative Aspekte, in: MittAB, (26) 3, 313–335.

HUSSY, W. (1989): Strategien zur Bewältigung umfänglicher, problemrelevanter Informationsangebote im Altersvergleich, in: Zeitschrift für Entwicklungspsychologie und Pädagogische Psychologie, (21) 1, 24–39.

KÖCHLING, A. (1995): Soziodemographische Trends der Zukunft als Herausforderungen an die Betriebe und an die Arbeitswissenschaft, in: W. Hacker (Hrsg.): Erwerbsarbeit der Zukunft. Prospektive Arbeitsgestaltung auch für ältere Arbeitnehmer, Bericht über ein Projekt des Projektträgers Arbeit und Technik beim Bundesministerium für Bildung und Forschung (BMBF) der Bundesrepublik Deutschland; Projektnummer 01 HH 521/5, Dresden: Technische Universität, 15–28.

KRUSE, A. (1988): Bildung im Alter, in: Zeitschrift für Gerontologie, (21) 4, 179–183.

LEHR, U. & WILBERS, J. (1992): Ältere Arbeitnehmer, in: Handwörterbuch des Personalwesens, hrsg. von E. Gaugler & W. Weber, Stuttgart: C. E. Poeschel, 203–212.

LEHR, U. (1983): Psychologische Aspekte des Alterns, in: H. Reinmann & H. Reinmann (Hrsg.): Das Alter, Stuttgart: Enke, S. 140–163.

LEHR, U. (1986): Ältere Mitarbeiter im Betrieb – Die Zukunft bewältigen mit oder ohne die Älteren?, in: Bayerisches Staatsministerium für Arbeit und Sozialordnung (Hrsg.): Ältere Mitarbeiter im Betrieb, München, 13–47.

LÖWE, H. (1971): Einführung in die Lernpsychologie des Erwachsenenalters, Berlin: Deutscher Verlag der Wissenschaften.

MANDL, H., GRUBER, H. & RENKL, A. (1994): Lehren und Lernen mit dem Computer, in: F. E. Weinert & H. Mandl (Hrsg.): Psychologie der Erwachsenenbildung, D/I/4 Enzyklopädie der Psychologie, Göttingen: Hogrefe.

MARDSEN, N. & FUNK-MÜLDNER, K. (1993): Selbstgesteuertes Lernen am Computer – eine Zukunftsperspektive? In: Medienpsychologie, (5) 4, 255–279.

MARTIN, A. (1987): Determinanten der individuellen Weiterbildungsentscheidung. Eine empirische Analyse, in: Zeitschrift für Personalforschung, (1) 1, 5–28.

NAEGELE, G. (1992): Zwischen Arbeit und Rente. Gesellschaftliche Chancen und Risiken älterer Arbeitnehmer, Augsburg: Maro-Verlag.

NEBER, H., WAGNER, A. & EINSIEDLER, W. (Hrsg.) (1978): Selbstgesteuertes Lernen, Weinheim/Basel: Beltz.

OLBRICH, E. (1990): Ältere Arbeitnehmer und neue Technologien – Fähigkeiten und Fertigkeiten, in: L. Späth & U. Lehr (Hrsg.): Altern als Chance und Herausforderung, Bd. 1, Aktives Altern, München u. a.: Moderne Verlagsgesellschaft.

PETERS, W. & LUDWIG, W. (1990): Lernbesonderheiten von älteren Seminarteilnehmern in der öffentlichen Verwaltung, Köln, Bonn: Heymann.

PETTERSSON, R. (1993): Visual Literacy und Infologie, in: B. Weidenmann (Hrsg.): Wissenserwerb mit Bildern, Bern u. a.: Huber, 215–235.

PRENZEL, M., EITEL, F., HOLZBACH, R.; SCHOENHEINZ, R. J. & SCHWEIBERER, L. (1993): Lernmotivation im studentischen Unterricht in der Chirurgie. Zeitschrift für Pädagogische Psychologie, 7, 125–137.

RYAN, E. B., SZECHTMAN, B. & BODKIN, J. (1992): Attitudes Towards Younger and Older Adults Learning To Use Computers, in: Journal of Gerontology, (47) 2, 96–101.

SACKMANN, R. (1995): Technischer Wandel und Generationsunterschiede, in: WSI-Mitteilungen, 8, 520–525.

SALTHOUSE, T. A. (1984): Effects of age and skill in typing, in: Journal of Experimental Psychology, General, 3, 345–371.

SATTELBERGER, T. (1989): Lebenszyklusorientierte Personalentwicklung, in: T. Sattelberger (Hrsg.): Innovative Personalentwicklung. Grundlagen, Konzepte, Erfahrungen, Wiesbaden: Gabler, 287–305.

SCHAIE, K. W. (1990): The optimization of cognitive functioning in old age: Predictions based on cohort-sequential and longitudinal data, in: P. B. Baltes & M.M. Baltes (Hrsg.): Successful aging: Perspectives from the behavioral sciences, New York: Cambridge University Press, 99–117.

SCHAIE, K. W. (1993): The Seattle Longitudinal Study: A thirty-five-year inquiry of adult intellectual development, in: Zeitschrift für Gerontologie, 26, 129–137.

SCHMIEL, M. & SOMMER, K.-H. (1991): Lernförderung Erwachsener, Heidelberg: Sauer.

SCHMIEL, M. (1989): Lernverhalten und Lernförderung älterer Erwerbstätiger, in: Stuttgarter Beiträge zur Berufs- und Wirtschaftspädagogik, Band 11, Esslingen, 263–286.

SCHNEIDER, K. (1993): Alter und Bildung, Heilbrunn/Obb.: Klinkhardt.

SCHUSTER, M. (1984): Lernen und Weiterbildung, in: W. D. Oswald u. a. (Hrsg.): Gerontologie, 276–285.

SHANAN, J. (1993): Die Jerusalemer Längsschnittuntersuchungen der mittleren Lebensjahre und des Alters – JESMA, in: Zeitschrift für Gerontologie, 26, 151–155.

SIEHLMANN, G. (1997): Zwischenbericht 1996/1997 zum Wirtschaftsmodellversuch SELA. Teil III: Zur Lernenden Organisation. Bremen: Bildungszentrum der Wirtschaft im Unterwesergebiet e. V. (BWU).

SMITH, A. D., PARK, D. C., CHERRY, K. & BERKOVSKY, K. (1990): Age differences in memory for concrete and abstract pictures, in: Journal of Gerontology, (45) 5, 205–209.

STAIGER, H. (1989): Lernbedingungen und Lernprobleme älterer Arbeitsloser in der beruflichen Weiterbildung, Regensburg: Almanach-Verlag.

STATISTISCHES BUNDESAMT (1994): Im Blickpunkt: Ältere Menschen in der Europäischen Gesellschaft, Wiesbaden.

STAUDACHER (1986): Ältere im Betrieb, in: E. Lade (Hrsg.): Handbuch Gerontagogik, Obrigheim: Aktuelle Verlagsgruppe, 1–28.

STAUFER, M. (1992): Ältere Beschäftigte und technischer Wandel, Göttingen: Hogrefe.

STENTZEL, M. (1986): Lernschwierigkeiten von Erwachsenen in der beruflichen Weiterbildung. Frankfurt/M. u. a.: Lang.

STÖCKL, M. & STRAKA, G. A. (1995): Evaluation eines Lernprogramms für die CAD-Weiterbildung älterer Arbeitnehmerinnen und Arbeitnehmer – Design und erste Ergebnisse, in: P. Schenkel & H. Holz (Hrsg.): Evaluation multimedialer Lernprogramme und Lernkonzepte, Nürnberg: BW Bildung u. Wissen, 91–104.

STÖCKL, M. & STRAKA, G. A. (1995a): CAD-Weiterbildung älterer Fachkräfte am CAD-Arbeitsplatz, in: W. Bähr & H. Holz (Hrsg.): Was leisten Modellversuche? Berlin: IFA, 227–235.

STRAKA, G. A. (1986): Lehr-Lern-Theoretische Didaktik, in: H. Twellmann (Hrsg.): Handbuch Schule und Unterricht, Bd. 8.1., Düsseldorf: Schwann, 49–60.

STRAKA, G. A. & KUWAN, H. (1994): Einflussfaktoren auf die berufliche Fort- und Weiterbildung von Erwerbstätigen unter besonderer Berücksichtigung des Lebensalters, in: J. Abel (Hrsg.): Berufliche Weiterbildung und neue Technologien, Münster/New York: Waxmann, 139–148.

STRAKA, G. A., KLEINMANN, M. & WILCKHAUS, F. (1994): Komplexe Lehrarrangements zur Förderung selbst gesteuerten Lernens älterer Erwerbspersonen, in: J. Abel (Hrsg.): Berufliche Weiterbildung und neue Technologien, Münster, New York: Waxmann, 35–48.

STRAKA, G. A. & LÖDIGE-RÖHRS, L. (1994): Angeleitete Selbstreflexion zur Förderung methodischer Kompetenz älterer Arbeitnehmer beim Lernen, in: J. Abel (Hrsg.): Berufliche Weiterbildung und neue Technologien, Münster, New York: Waxmann, 111–125.

STRAKA, G. A., LÖDIGE-RÖHRS, L. & WILCKHAUS, F. (1992): Weiterbildung von Arbeitnehmern/innen in der zweiten Lebenshälfte – FESILI 2000, in: F. Achtenhagen & E. G. John (Hrsg.): Mehrdimensionale Lehr-Lern-Arrangements, Wiesbaden: Gabler, 444–459.

STRAKA, G. A. & MACKE, G. (1981): Lehren und Lernen in der Schule: eine Einführung in Lehr-Lern-Theorien, Stuttgart u. a.: Kohlhammer.

STRAKA, G. A. & SPEVACEK, G. (1997): Wirtschaftsmodellversuch: „Selbstorganisiertes Lernen älterer Erwerbspersonen und arbeitsplatzbezogenes Lernen (SELA)". Zwischenbericht des B-Trägers. Bremen: Universität Bremen.

STRAKA, G. A. & STÖCKL, M. (1993): Erfassung der Lern- und Berufsbiographie unter didaktischer Zielsetzung, Bonn/Berlin: Bundesinstitut für Berufsbildung.

STRAKA, G. A. & STÖCKL, M. (1994): Computerunterstützte Unterrichtsmodule für die CAD-Weiterbildung älterer Arbeitnehmerinnen und Arbeitnehmer, in: J. Abel (Hrsg.): Berufliche Weiterbildung und neue Technologien, Münster, New York: Waxmann, S. 127–138.

THOMAE, H. & LEHR, U. (1973): Berufliche Leistungsfähigkeit im mittleren und höheren Erwachsenenalter. Eine Analyse des Forschungsstandes, Göttingen: Verlag Otto Schwarz.

THOMAE, H. (1993): Die Bonner Gerontologische Längsschnittstudie (BOLSA), in: Zeitschrift für Gerontologie, 26, 142–150.

THON, M. (1995): Demographische Aspekte der Arbeitsmarktentwicklung – die Alterung des Erwerbspersonenpotenzials, in: MittAB, (28) 3, 290–299.

VAN VLIET, P. J. A., KLETGE, M. G. & CHAKRABORTY, G. (1994): The measurement of computer literacy: a comparison of self-appraisal and objective tests, in: International Journal of Human-Computer Studies, 40, 835–857.

VERRES-MÜCKEL, M. (1974): Lernprobleme Erwachsener. Befunde und Konzepte für die praktische Arbeit, Stuttgart u. a.: Kohlhammer.

VOLPERT, W. (1985): Pädagogische Aspekte der Handlungsregulationstheorie. In: Passe-Tiefjen, H. & Stiehl, H. (Hrsg.), Betriebliches Handlungslernen und die Rolle des Ausbilders (= Ergebnisse der Hochschultage Berufliche Bildung '84 in Berlin). Wetzlar: Jungarbeiterinitiative an der Werner-von-Siemens-Schule.

WEIDENMANN, B. (1988): Psychische Prozesse beim Verstehen von Bildern, Bern u. a.: Huber.

WEIDENMANN, B. (1991): Neue Medien, alte Sehgewohnheiten? Visual literacy als Aufgabe der Erwachsenenbildung, in: Grundlagen der Weiterbildung, (2) 2, 74–78.

WEIDENMANN, B. (1991a): Bilder für Lerner. Verstehensprobleme bei didaktischen Bildern, in: Fremdsprache Deutsch, 5, 12–16.

WEIDENMANN, B. (1991b): Lernen im Erwachsenenalter. Empirische Befunde und Desiderata, in: Grundlagen der Weiterbildung, (2) 1, 7–11.

WEIDENMANN, B. (1993): Instruktionsmedien, Arbeiten zur Empirischen Pädagogik und Pädagogischen Psychologie (Gelbe Reihe), Nr. 27, München: Universität der Bundeswehr.

WEIDENMANN, B. (1995): Multicodierung und Multimodalität im Lernprozess, in: L. J. Issing & P. Klimsa (Hrsg.): Information und Lernen mit Multimedia, Weinheim: PVU, 65–84.

WEINERT, F. E., SCHNEIDER, W. & KNOPF, M. (1989): Individual differences in memory development across the life span, in: P. B. Baltes u. a. (Hrsg.): Life-span development and behavior, Vol. 9, Hillsdale, NJ: Erlbaum, 39–85.

WHITE, H., MCCONNELL, E., CLIPP, E. C., NAVAS, L., BYNUM, L. & EDWARDS, J. (1995): The impact of Internet and E-Mail Access on the Quality of Life of Older Adults, unveröffentlichtes Papier, Durham, NC: Duke University Medical Center.

ZANDRI, E. & CHARNESS, N. (1989): Training older and younger adults to use software, in: Educational Gerontology, 15, 615–631.

Enterprises and organisations are increasingly compelled to adapt to structural changes and innovations with ageing personnel. For a number of years, pilot projects have developed and tested integrated strategies and concepts for managing demographic changes. Such approaches have addressed both normative/strategic levels as well as individual, social and organisational levels.

The capacity to learn, knowledge and experience are recognised as key resources for managing technological and organisational transformations in companies. Enterprises that strive to become learning organisations value the retention of older employees and seek to take advantage of their potential by networking them with younger employees, who are more open to innovation and have better knowledge of the latest technologies.